# COMPARTILHANDO VIDAS

Livro texto

*Um curso para ajudar os cristãos a compartilhar suas vidas com os muçulmanos*

Bert de Ruiter

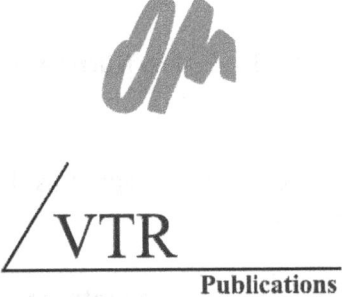

"Compartilhando Vidas"
é parte da Operação Mobilização.
http://www.sharinglives.eu

© Bert de Ruiter, 2016

**Bibliographic information published by the Deutsche Nationalbibliothek**
The Deutsche Nationalbibliothek lists this publication in the Deutsche Nationalbibliografie; detailed bibliographic data are available on the Internet at http://dnb.dnb.de .

ISBN 978-3-95776-210-8 (VTR)
ISBN 978-3-902669-35-3 (OM)

VTR Publications, Gogolstr. 33, 90475 Nürnberg, Germany
http://www.vtr-online.com

Maiores informações dos escritórios regionais da OM, acesse http://www.om.org.

Referência: Bíblia Sagrada, Nova Versão Internacional (2005)

INTRODUÇÃO     COMPARTILHANDO VIDAS

# Introdução

Por toda a Europa, cristãos e muçulmanos vivem próximos uns dos outros, se cruzam nas ruas, ficam juntos nos pontos de ônibus ou compartilham o mesmo prédio de apartamentos, salas de aula e refeitórios de firmas. Infelizmente, são essencialmente estranhos uns para os outros.

O que impede os cristãos de compartilharem suas vidas com os muçulmanos? As pessoas não precisam cruzar o mundo para encontrá-los. Basta somente atravessar a rua. Porém, o que os impede de fazê-lo? Será a falta de informação? Esse não é o caso. Há muitos bons livros sobre o Islamismo e em muitas escolas são oferecidos seminários e cursos sobre o assunto.

O Islamismo é "a notícia quente" na mídia hoje. Por muito tempo, eventos relacionados aos muçulmanos e comentados pelos cristãos, como perseguição aos cristãos, igrejas queimadas, sequestro de pessoas em diferentes partes do mundo, aviões explodindo contra prédios, etc. ocorriam somente em lugares distantes. Até que na Europa, trens foram bombardeados pelos muçulmanos e um produtor de televisão holandês foi assassinado por um marroquino em Amsterdam. Também é notório que muitos muçulmanos parecem relutantes na adaptação aos direitos "cristãos" europeus, já que reivindicam seus próprios direitos.

A pesquisa tem mostrado que o medo é o maior de todos os fatores que impede os cristãos de se relacionarem com os muçulmanos.

O curso *Compartilhando Vidas* foi desenvolvido para ajudar os cristãos, no ocidente, a superar a sua atitude negativa de medo, preconceito e desconfiança do Islamismo e dos muçulmanos e aprender a responder com graça e compartilhando a vida.

O nome do curso veio de 1 Tessalonicenses 2:8, quando o apóstolo Paulo escreveu: Assim, querendo-vos muito, estávamos prontos a oferecer-vos não somente o evangelho de Deus, mas, igualmente, a própria vida; por isso vos tornastes muito amados de nós.

Este versículo é um exemplo de uma testemunha da encarnação, na qual a partilha do evangelho e de nossas vidas estão integradas.

O objetivo principal do curso *Compartilhando Vidas* é ajudar e encorajar os cristãos a deixarem o medo do Islamismo e dos muçulmanos para abraçarem uma atitude da graça, incentivando-os a desenvolverem relacionamentos genuínos com os muçulmanos, em sua vizinhança, para poderem compartilhar com eles suas vidas e o evangelho de Jesus Cristo.

A abordagem do curso é dividida em cinco pontos:

1) Nossa visão do Islamismo e dos muçulmanos;
2) Desenvolvendo uma atitude da graça;
3) Entendendo os muçulmanos;
4) Encontro com os muçulmanos;
5) Desenvolvendo relacionamentos duradouros.

Além do livro texto do curso, o manual do líder oferece informação adicional como por exemplo: PowerPoints e vídeo clipes. Pode-se obter mais informações no website www.sharinglives.eu.

Dr. Bert de Ruiter<br>
Amsterdam

# LIÇÃO UM
# NOSSA VISÃO DO ISLAMISMO

*Objetivo: Capacitar os participantes a refletir, à luz das Escrituras, sobre suas atitudes em relação ao Islamismo e aos muçulmanos.*

> Em uma folha de papel, responda às seguintes questões:
>
> Quando você pensa no Islamismo e nos muçulmanos, quais palavras, imagens, cenas, pensamentos vêm à sua mente?
> Complete a seguinte frase:
> "Quando eu penso no Islamismo, eu acho que daqui a 20 anos...
> Complete a seguinte frase:
> "Quando eu penso sobre o Islamismo, eu gostaria que...
> Discuta com o grupo o que cada um respondeu.

### 1    O chamado de Deus

Em Mateus 28:18-20, lemos as seguintes palavras do Senhor Jesus Cristo ressurreto para os apóstolos:

*...Foi-me dada toda a autoridade nos céus e na terra. Portanto, vão e façam discípulos de todas as nações, batizando-os em nome do Pai e do Filho e do Espírito Santo, ensinando-os a obedecer a tudo o que lhes ordenei. E eu estarei sempre com vocês até o fim dos tempos.*

Esta Grande Comissão ainda é relevante para hoje, pois o Senhor Jesus Cristo também deseja que todos os povos da terra se tornem seus discípulos. Isso inclui os muçulmanos em nosso país, nossa cidade e vizinhança. O Senhor da Igreja chama os membros para que façam discípulos de todos os povos.

COMPARTILHANDO VIDAS    LIÇÃO UM

Através dos tempos, Ele tem usado pessoas para atrair outros para Si. Mas, muitas vezes, Ele tem que lidar com obreiros relutantes, como é o caso de Jonas.

## 2    A resposta de Jonas ao chamado de Deus

*A Palavra do Senhor veio a Jonas, filho de Amitai, com esta ordem: "Vá depressa à grande cidade de Nínive e pregue contra ela, porque a sua maldade subiu até a minha presença". Mas Jonas fugiu da presença do Senhor... (Jn 1:1-3)*

Aprendemos no livro de Jonas sobre a compaixão de Deus pelo mundo, inclusive pelos inimigos de Israel. Deus conhecia o povo de Nínive e o que eles tinham feito. Em virtude de seus pecados, eles mereciam o julgamento e a punição divina. Porém, ao invés de puni-los de imediato, Ele quis dar a eles uma oportunidade para se arrependerem, a fim de perdoá-los. Deus tem mais prazer em perdoar do que em punir. Frequentemente, vemos Deus usando os seus filhos para executar os seus propósitos para este mundo.

Também aprendemos nessa história que Deus quer usar Jonas para executar seus propósitos em Nínive. E vemos também que Jonas está relutante em cumprir a tarefa.

Para entendermos o que o chamado de Deus significou para Jonas, é de grande ajuda aprendermos mais sobre Nínive.

### a    Pano de fundo da Assíria e de Nínive

Em Gênesis 10:8-11, lemos que Nínive foi edificada por Ninrode, um dos primeiros caçadores poderosos da terra. Na época de Jonas, Nínive era a capital do império assírio. A Assíria foi um reino localizado entre os rios Tigre e Eufrates, que dominou o mundo antigo do século IX ao século VII a.C. Este império foi uma das melhores máquinas de guerra do mundo antigo e uma das civilizações mais sanguinárias e cruéis já conhecidas.

# LIÇÃO UM — COMPARTILHANDO VIDAS

O terror foi um dos fatores que contribuiu grandemente para o sucesso assírio. Era deles a política deliberada de terror, possivelmente o exemplo mais antigo de guerra psicológica organizada.

Não era incomum para eles matarem todos os homens, todas as mulheres e todas as crianças nas cidades capturadas. A Assíria tornou-se sinônimo de crueldade e atrocidade. Eles esfolavam vivos seus prisioneiros e tiravam várias partes dos seus corpos para inspirar terror nos inimigos.

Em seus monumentos e relatos históricos, eles se vangloriavam da altura das pirâmides, construídas com as cabeças dos inimigos vencidos, de como eles queimavam as cidades, esquartejavam seres humanos e cortavam as suas mãos, tiravam a pele dos corpos e assim por diante. Um dos monumentos antigos, descoberto nas ruínas da antiga Assíria, possui uma inscrição do rei Assurnasirpal (reino iniciado em 883 a.C.) sobre uma cidade conquistada:

*Os seus homens, jovens e velhos, eu os levei como prisioneiros. Cortei os pés e as mãos de alguns; de outros, eu cortei o nariz, orelhas e lábios; das orelhas dos jovens, eu fiz um monte; das cabeças dos velhos, eu construí um minarete. Hawlinson – Five Great Monarchies (As Cinco Grandes Monarquias, em tradução livre), vol. 2, p. 85, nota.*

A política assíria era de deportar os povos conquistados para outras terras dentro do império, a fim de destruir o sentimento de nacionalismo, quebrar qualquer orgulho ou esperança de rebelião e substituí-los por estrangeiros de lugares longínquos.

Foi isso que eles fizeram com a região norte de Israel, em 772 a.C. Em 2 Reis 17:24, lemos:

*O rei da Assíria trouxe gente de Babilônia, de Cuta, de Ava, de Hamate e de Sefarvaim e a fez habitar nas cidades de Samaria, em lugar dos filhos de Israel; tomaram posse de Samaria e habitaram nas suas cidades.*

Esse povo veio a ser chamado de "os samaritanos".

COMPARTILHANDO VIDAS — LIÇÃO UM

Em Naum 3:1-4, um relato de 150 anos depois de Jonas, lemos a seguinte descrição de Nínive:

*...cidade sanguinária, repleta de fraudes e cheia de roubos, sempre fazendo as suas vítimas...*

Também fala sobre os feitiços e bruxarias da cidade. A adoração pagã dos assírios foi veementemente condenada por diversos profetas do Antigo Testamento (Is 10:5; Ez 16:28; Os 8:9).

Diante deste quadro, não é difícil entender porque muitos do povo de Israel olhavam para os assírios com ódio, desconfiança e medo profundos. Também começamos a entender a relutância de Jonas em ir até esse povo.

> **Para discussão:**
> Coloque-se no lugar de Jonas. Como você responderia ao chamado de Deus?
> Hoje, ainda estamos sofrendo da "síndrome de Jonas"? Se sim, de que forma?

### 3    Islamismo: nossa Nínive?

O império do medo se foi. A famosa cidade de Nínive é somente uma pequena aldeia no Iraque atual. Outros poderes e autoridades, cidades e povos tomaram o seu lugar. Para muitos cristãos na Europa, a sua 'Nínive' contemporânea é o Islamismo. Eles veem a agressão dos muçulmanos extremistas, ouvem os líderes espirituais islâmicos dizerem coisas que os enchem de medo e olham com desconfiança para muitos muçulmanos que vieram morar em nossos países. Um dos maiores obstáculos para que os cristãos compartilhem suas vidas com os muçulmanos é a nossa própria atitude.

A atitude de muitos cristãos na Europa a respeito do Islamismo e dos muçulmanos é de medo, preconceito e desconfiança.

LIÇÃO UM COMPARTILHANDO VIDAS

## 4   Lidando com o nosso medo do Islamismo

O medo é um elemento natural, básico e instintivo da nossa natureza humana. É uma emoção criada por Deus. O medo pode funcionar como um sinal de alerta quando o perigo está próximo. O medo saudável nos protege do perigo real. Nem todo medo é pecaminoso, por exemplo: Jesus expressou o medo no Jardim do Getsêmani. Entretanto, nem tudo que julgamos perigo é de fato um perigo.

Um acróstico muito usado para medo é:[1]

>  **F**alsa
>  **E**vidência
>  **A**parentando
>  **R**eal

O medo é baseado na percepção. Embora a grande maioria das coisas que tememos nunca se torna realidade, a evidência falsa é, muitas vezes, muito convincente!

Frequentemente, o medo distorce nosso sentido de realidade. Ele distorce a nossa percepção de nós mesmos de tal forma que nos sentimos mais fracos do que realmente somos. O medo distorce o tamanho dos nossos problemas ou a força daqueles que nós acreditamos ser nossos inimigos, de modo que eles pareçam enormes e invencíveis. Mas o mais importante, o medo distorce nossa imagem de Deus. Deus parece fraco, sem envolvimento ou indiferente diante dos nossos problemas.

A diferença entre o medo legítimo de um mundo perigoso daquele que nos aprisiona e que mesmo ofende a Deus tem a ver com *o que* ou de *quem* temos medo e para onde ele nos impulsiona. Será que ele nos leva a nos proteger ou nos leva para Deus, nosso Protetor? Provérbios 29:25 diz que *Quem teme o homem cai em armadilhas, mas quem confia no Senhor está seguro.*

---

[1] A palavra *fear* em português significa medo; a palavra foi mantida em inglês para preservar o acróstico.

COMPARTILHANDO VIDAS — LIÇÃO UM

O medo pode se tornar uma arma de Satanás, o qual usa nosso instinto de medo para nos impedir de nos tornarmos no que Deus quer que sejamos e façamos. O mandamento "não temais" é um dos mais repetidos em toda a Escritura. Isso nos diz que o medo e a ansiedade não são apenas uma parte da mais comum condição humana, mas também uma emoção ou reação à vida que, pelo menos, é garantida para um seguidor de Cristo.

Davi descreve maravilhosamente este paradoxo:

*Mas eu, quando estiver com medo, confiarei em ti. Em Deus, cuja palavra eu louvo, em Deus eu confio, e não temerei. Que poderá fazer-me o simples mortal? (Sl 56:3-4).*

Uma forma de lidar com o nosso medo é aprendermos mais sobre as suas causas.

No conteúdo deste curso, quando nós lidamos com o nosso medo do Islamismo, é bom aprender mais sobre como os muçulmanos praticam a sua fé, interpretam o Alcorão e como o Islamismo se desenvolve na Europa. Vamos ver tudo isso com maiores detalhes na lição 3 deste curso.

Outro passo importante de lidar com o nosso medo é levá-lo a sério:

*"Quando a nossa visão está embaçada pelos efeitos do medo, como é que vamos nos re-orientar? Como é que vamos recuperar um sentido de realidade quando as ameaças parecem tão reais e os perigos tão presente? A resposta resume-se em sentir medo. Se você evitar o medo, ele se tornará sombrio e destrutivo. Em vez disso, deixe-o perseguir você, sem tentar afastá-lo recitando algumas platitudes piedosas ou distraindo com o seu trabalho. O medo enfrentado é um coração exposto. Ele expõe claramente a quem (e o que) nós servimos. Ele pode ser classificado em duas categorias: medo do mundo e temor de Deus".[2]*

---

[2] Dan. B. Allender & Tremper Longman III, *The Cry of the Soul, how our emotions reveal our deepest questions, about God*, (Colorado Springs: NaviPress, 1994), p. 99.

| LIÇÃO UM | COMPARTILHANDO VIDAS |  |

A maioria dos nossos medos surgem de nossa demanda para ganhar um grau de prazer, de honra, de sentido, de segurança e de alegria em um mundo que frequentemente nos dá a dor, a vergonha, o caos e a tristeza. O medo do mundo é uma outra maneira de descrever o medo do que a vida – do que os outros – pode fazer para nós.

Outro modo de lidar com o medo é colocar o que nos causa medo ao lado de uma outra realidade. Como cristão que somos, esta realidade é o nosso Deus, nosso Criador e em Cristo Jesus, nosso Pai. Uma das maneiras de superar o medo que temos das pessoas e das circunstâncias é nos tornarmos mais conscientes a respeito de quem é Deus.

Esta é uma das mensagens de Isaías 40 a 54, em um período da história do povo de Deus que talvez tenha alguns paralelos com o nosso.

## 5     *Pano de fundo de Isaías 40-54*

O profeta Isaías profetizou durante um dos períodos mais terríveis para o povo de Israel. O reino do Norte (10 tribos) havia sido deportado para a Assíria e o reino do Sul (2 tribos) estava prestes a vivenciar o mesmo, sendo cativos de outra potência mundial: a Babilônia.

Em Isaías 40 a 54, encontramos as palavras de Deus, falada ao Seu povo, durante um período difícil em sua história. Israel estava no exílio e o templo e a cidade santa, Jerusalém, estavam destruídos. O povo havia sido espalhado pelas nações estrangeiras. Outros reis e poderes, impérios e seus deuses tinham dominado o povo.

Foram-se os dias gloriosos do passado. Não havia templo, nação e identidade. O povo estava abatido, desencorajado e pensava que Deus o havia abandonado. As pessoas diziam umas para as outras:

*...O Senhor não se interessa pela minha situação; o meu Deus não considera a minha causa? (Is 40:27)*

e também:

*...O Senhor me abandonou, o Senhor me desamparou. (Is 49:14).*

COMPARTILHANDO VIDAS — LIÇÃO UM

Os dias gloriosos de Davi e Salomão acabaram-se. Israel não era mais um reino independente. Eles pensavam que enquanto o templo estivesse em Jerusalém, estariam salvos; mas agora o templo estava destruído. O povo era descrito como *um povo roubado e saqueado; foi apanhado em cavernas e escondidos em prisões; tornou-se presa, sem ninguém para resgatá-lo; tornou-se despojo, sem que ninguém o reclamasse, dizendo: "Devolvam".* (Is 42:22; cf 49:19-21).

Eles estavam frustrados com Deus, acreditavam que Deus não via, não sabia e não se importava com eles. Aos poucos se convenceram de que Deus não era capaz de fazer nada acerca da situação. Eles não esperavam mais nada de Deus. Os cânticos dos tempos áureos terminaram. O Salmo 137 expressa o sentimento do povo durante este período:

*Junto aos rios da Babilônia nós nos sentamos e choramos com saudades de Sião. Ali, nos salgueiros penduramos as nossas harpas; ali os nossos captores pediam-nos canções, os nossos opressores exigiam canções alegres, dizendo: "Cantem para nós uma das canções de Sião!" Como poderíamos cantar as canções do Senhor em terra estrangeira? (Sl 137:1-4).*

O povo se convenceu de que o poder de Deus estava limitado às fronteiras da Terra Prometida.

Eles estavam desencorajados, deprimidos, inseguros e com medo.

Nesse período tenebroso para a história de Israel, o profeta Isaías foi chamado por Deus para confortá-los (Is 40:1), e, ao fazê-lo, ele, repetidamente, falava para o povo "não temas" (e.g. 40:9; 41:10,13,14; 43:1,5; 44:2, 8, 51:7,12; 54:4,14).

Deus deseja ajudá-los a superar o medo, direcionando-os para Si:

*...não tenha medo... "Aqui está o seu Deus!" (40:9).*

Deus conforta o seu povo temeroso, revelando mais de Si:

*Eu, eu mesmo, sou quem a consola. Quem é você para que tema... e para que esqueça o Senhor, aquele que fez você... para que você viva diariamente, constantemente apavorada... (Is 51:12,13).*

 ÃO UM COMPARTILHANDO VIDAS

Nesse trecho da Bíblia que se inicia com as palavras: *Consolem, consolem o meu povo, diz o Deus de vocês (40:1)* e termina com as palavras: *nenhuma arma forjada contra você prevalecerá, e você refutará toda língua que a acusar. Esta é a herança dos servos do Senhor, e esta é a defesa que faço do nome deles, declara o Senhor* (54:17), nós podemos aprender cinco características de Deus, as quais nos ajudarão a lidar com nosso medo do Islamismo:

### A    Deus promete estar conosco em toda e qualquer situação

*Não tenha medo, pois eu estou com você (Is 43:5, cf Is 41:10).*

Uma das razões pelas quais o povo de Deus não deve temer, quaisquer que sejam as circunstâncias em que se encontrem, é porque Deus prometeu estar presente com ele. Deus estará conosco (41:10, 43:5), Ele não nos abandonará (Is 41:17; 42:16) e Ele nunca se esquecerá de nós (44:21; 49:15).

A presença de Deus conosco não é garantia de uma vida livre de problemas. Pode haver provações e dificuldades, mas nada realmente poderá nos atingir: *Quando você atravessar as águas, eu estarei com você* (Is 43:2). A presença de Deus nos conforta em tempos de circunstâncias de temor.

### B    O plano de Deus prevalece em toda e qualquer situação

*Desde o início faço conhecido o fim, desde tempos remotos, o que ainda virá. Digo: Meu propósito permanecerá em pé, e farei tudo o que me agrada... O que eu disse, isso eu farei acontecer; o que planejei, isso farei (Is 46:10,11).*

Em seu desejo de confortar o seu povo e ajudá-lo a dominar o medo, Deus quer que nos concentremos no que Ele é:

### B.1    Ele é o Criador Soberano

*Eu, eu mesmo, sou quem a consola. Quem é você para que tema homens mortais, os filhos de homens, que não passam de relva, para que*

COMPARTILHANDO VIDAS — LIÇÃO UM

*esqueça o Senhor, aquele que fez você, que estendeu os céus e lançou os alicerces da terra, para que você viva diariamente, constantemente apavorada por causa da ira do opressor, que está inclinado a destruir? (Is 51:12,13).*

Em tempos de temor, quando as tempestades nos rodeiam, quando a terra parece se abrir debaixo de nossos pés, Deus quer que nos lembremos de que Ele é o nosso Criador Soberano. Nosso Deus é o único Criador de todas as coisas (44:24; 48:13; 51:16). Ele pesa e mede (40:12) o céu e a terra, as águas e as montanhas (40:12), as florestas e os animais (40:16), as estrelas e os planetas (40:26) e também as nações e as ilhas (40:15). O Criador Soberano é quem dá o fôlego a seu povo e a vida para todos que andam no planeta Terra (42:5).

Os governantes e todos os povos da terra devem a sua existência ao Deus eterno, o Criador dos fins da terra (40:28).

Ele criou os céus e a terra com propósitos (45:18). Ele é o Criador Soberano que não necessita da ajuda de ninguém (40:13, 14; 44:24). Nós podemos confiar no seu poder, sabedoria e propósito, mesmo que nem sempre o entendamos.

Os povos e poderes que parecem impressionantes para nós e nos deixam temerosos são somente um pingo que cai de um balde (40:15), ou gafanhotos (40:22), ou barro (45:9) nas mãos do Criador Soberano.

### B.2   Ele é o Juiz de toda a terra

*Calem-se diante de mim, ó ilhas! Que as nações renovem as suas forças! Que elas se apresentem para se defender; vamos encontrar-nos para decidir a questão (Is 41:1).*

Deus chama as nações e os seus ídolos para apresentar o seu caso, expor seus argumentos (Is 41:19-25), trazer suas testemunhas (43:9-21) e juntar todos em congregação (45:20). Isaías nos fornece uma imagem do nosso Deus justo convocando todas as nações, todos os povos para cingir-se de força e estar diante dele para o julgamento. Deus é o juiz de toda a terra. Ele chama todas as nações para prestar

LIÇÃO UM  COMPARTILHANDO VIDAS

conta de suas vidas, de suas religiões e dos seus pensamentos. Elas virão ao seu tribunal. Ele é o juiz de todos e, no seu tempo, julgará cada pessoa.

Ele é comprometido com a justiça e a retidão. Sua justiça se tornará uma luz para as nações (51:5), seu braço trará justiça às nações (51:5) e a sua retidão nunca falhará (51:6). Mesmo que injustiça ou iniquidade pareçam dominar agora, Deus, o Juiz de toda terra, acertará as contas em seu tempo e chegará a hora quando todo o joelho se dobrará diante dele e toda língua confessará o seu Senhorio (45:23).

A certeza do julgamento de Deus no final dos tempos nos ajuda a não fazer justiça com as nossas próprias mãos.

### B.3   Ele é o Rei de Todos os Reis

*Quem despertou o que vem do oriente, e o chamou em retidão ao seu serviço, entregando-lhe nações e subjugando reis diante dele? Com a espada ele os reduz a pó, com o arco os dispersa como palha (Is 41:2,3).*

Deus humilha e reduz a nada os príncipes e os governantes que parecem tão poderosos e no momento causam tanto dano (40:23). Ele usa os líderes políticos, que pensam levar a cabo os seus próprios planos, para cumprir os Seus propósitos eternos (41:25ss; 44:28; 45:1-13).

As passagens em Isaías referem-se primeiramente a Ciro, rei persa, a quem Deus chama de 'meu pastor', que cumprirá tudo o que agrada a Deus (44:28) e o 'meu ungido' (45:1).

Temos a imagem de Deus levantando um rei e conduzindo-o na conquista e entrega das nações perante ele. Deus é o Rei dos reis da história. Ele controla as questões dos homens e das nações de acordo com os seus propósitos. Deus dará um fim ao império do mal neste mundo (p. ex., a Babilônia na época de Isaías), apesar do fato desse império pensar que o seu poder durará para sempre (47:7). Em sua soberania, Deus usa nações estrangeiras para punir Israel (47:6).

## B.4 Ele é o Primeiro e o Último

*Quem fez tudo isso? Quem chama as gerações à existência desde o princípio? Eu, o Senhor, que sou o primeiro, e que sou eu mesmo com os últimos (Is 41:4; cf 43:10; 44:6; 48:12).*

Deus está no controle dos acontecimentos humanos. Deus é o primeiro – Ele é a realidade absoluta antes de todas as outras realidades da qual todas elas dependem. Ele é o Deus que não foi criado ou nascido; é o primeiro. Ele é eterno (40:28). E Ele estará presente até o final quando tudo estiver consumado de acordo com o seu propósito eterno. Ele conhece o fim desde o princípio (44:7; 46:10; 48:3). Ele conhece o futuro (45:11).

A história humana não é apenas uma combinação de eventos aleatórios sem sentido, mas há um Deus no céu que dirige os acontecimentos para uma resolução final e satisfatória.

Isto significa que realmente *há* um plano de Deus para a história humana e Ele dirige os acontecimentos para o cumprimento do Seu propósito.

Se Deus é o primeiro e o último, Ele tem também autoridade sobre tudo o que acontece entre o início e o fim, que dirige toda a história humana e até mesmo nossas vidas.

O fato de Deus se nomear o Primeiro e o Último também diz que Ele é o único poder e a única autoridade verdadeiros. A realidade Última, o Único Salvador: *Eu, eu mesmo, sou o Senhor, e além de mim não há salvador algum* (43:11; 44:8, 24; 45:5, 6, 18, 21, 22; 46:9, 10).

Jesus usa o mesmo título de o Primeiro e o Último em Apocalipse 1:17 e 22:13.

> **Para discussão:**
>
> - Deus é o Senhor soberano da história. O que isto nos ensina sobre o surgimento do Islamismo no século VI?

| LIÇÃO UM | COMPARTILHANDO VIDAS |  |

- À luz da soberania de Deus, como nós olhamos para os mulçumanos fundamentalistas e grupos como o Taliban, Al-Qaeda e Estado Islâmico? Essas pessoas e grupos poderiam ser usados por Deus para executar os seus propósitos? No caso afirmativo, quais seriam esses propósitos?
- Qual é a relação entre a soberania de Deus e a chegada de milhões de muçulmanos na Europa? Ao discutir essa pergunta, veja o que o Apóstolo Paulo disse: "[Deus]... tendo determina- do os lugares exatos em que deveriam habitar. Deus fez isso para que os homens o buscassem e talvez, tateando, pudessem encontrá-lo..." (At 17:26-27).

C     Deus está comprometido com o seu povo em toda e qualquer situação

*Você, porém, ó Israel meu servo, Jacó, a quem escolhi, vocês, descendentes de Abraão, meu amigo, eu os tirei dos confins da terra, de seus recantos mais distantes e os chamei. Eu disse: Você é o meu servo; eu o escolhi e não o rejeitei (Is 41:8, 9).*

*...Não tema, pois eu o resgatei; eu o chamei pelo teu nome; você é meu (43:1).*

No tempo de Isaías, o povo de Deus pensava que tudo se acabara. Os outros poderes pareciam mais fortes enquanto o seu próprio futuro era desolador. Atualmente, muitos cristãos, na Europa, temem que a igreja de lá venha a desaparecer e que o Islamismo tome o seu lugar. Eles veem as igrejas tornando-se mesquitas e sabem, por experiência própria, que a influência do Cristianismo na sociedade está declinando. Diante desse quadro, as palavras de Isaías ainda são relevantes. Isaías revela para o povo de Deus de sua época e, indiretamente, para os cristãos do século XXI, na Europa, que eles são preciosos aos seus olhos (43:4); eles estão gravados nas palmas de suas mãos (49:16).

Deus não se envergonha de ser chamado de seu Deus (40:1, 43:3), seu Salvador (43:3), Redentor (43:14) e Rei (43:15). A sua reputação está

COMPARTILHANDO VIDAS  LIÇÃO UM

ligada a eles (48:11; 43:7). Ele os protege dos perigos (43:2; 54:17); Ele os guia como um pastor (40:11); Ele oferece a eles a sua ajuda (40:13, 14); Ele os fortalece (41:10). Ele os conforta (40:1; 51:12); Ele promete a eles um futuro promissor (42:14-16; 43:5, 6).

### D  Os propósitos de Deus para os seus servos incluem a cruz em toda e qualquer situação

A promessa de Deus de estar conosco bem como a Sua soberania e compromisso não significa que o Seu povo não experimentará tempos difíceis, perseguição e sofrimento.

Pelo contrário, neste trecho de Isaías, nós aprendemos que o sofrimento é inseparável do cumprimento dos propósitos eternos de Deus. Nestes capítulos, encontramos quatro 'Cânticos do Servo' (42:1-9; 49:1-6, 50:4-9, 52:13-53:12). Cada passagem fala da figura de um Servo ao qual o Senhor dá uma missão. Assim, a grande obra do Senhor em favor de Israel e em favor de todo o mundo, mencionada em Isaías, é realizada através do trabalho desse servo. O caráter e ministério desse Servo do Senhor são consumados por Jesus. O Servo do Senhor mostra-se como aquele que fará o retorno do exílio, que acaba por ser não somente um retorno geográfico, mas espiritual. É através desse Servo que os propósitos de Deus serão realizados. Não é por mero acaso que três dos quatro Cânticos do Servo falam de sofrimento. No 2º (49:4,7) e no 3º (50:6), essa ideia não é tão proeminente, mas no 4º sim. Se o Servo do Senhor não podia evitar o sofrimento na sua caminhada para a glória e para realizar os propósitos de Deus, parece evidente que a dor, o sofrimento e a perseguição fazem parte do *seguir* a Jesus. Este amor doador de Jesus pelo Seu povo é o modelo para um relacionamento com os muçulmanos.

## 6  *O temor do Senhor supera o nosso medo*

*Quem entre vocês teme o Senhor e obedece à palavra de seu servo? Que aquele que anda no escuro, que não tem luz alguma, confie no nome do Senhor e se apoie em seu Deus. (Is 50:10)*

| LIÇÃO UM | COMPARTILHANDO VIDAS |  |

Nesse trecho da Bíblia, no qual o Senhor consola o seu povo temeroso guiando-o para Si mesmo, Ele diz mais de dez vezes 'não temas'. Nós somos encorajados a não temer homens, governantes, situações, nosso futuro, quando injustiças são feitas etc. Mas podemos também encontrar encorajamento para o temor, ou seja, 'tema ao Senhor'. Um grande medo faz um medo pequeno desaparecer. Deus é o Único a quem deveríamos temer mais do que tudo. A expressão 'temor do Senhor' revela uma atitude de respeito, confiança, submissão e obediência. O temor a Deus é ser consumido pela sua presença.

*"Quando nós nos desorientamos por perdemos o temor de Deus mais do que qualquer outra coisa, nós temos problemas. Quando tememos algo mais, nós esquecemos de temer a Deus ...Na presença de Deus, todos os nossos medos desaparecem como fumaça dispersa pelo vento. ...O temor de Deus não nos leva para longe de Deus, mas sim a Ele. Apenas quando o temor de Deus vence o nosso medo do mundo é que podemos verdadeira e produtivamente lidar com nossos temores".[3]*

Quanto mais tememos o Senhor, menos temeremos os homens e as circunstâncias. O temor do Senhor ajuda-nos a superar o medo dos homens, como Davi mostra no Salmo 112:

*Como é feliz o homem que teme o Senhor... não temerá más notícias; seu coração está firme, confiante no Senhor. (Sl 112:1, 7)*

**TAREFA**

A principal tarefa desta lição e que servirá de preparação para a próxima é a ORAÇÃO, principalmente a oração para mudanças. Mudança no mundo do Islamismo em geral e mudança em nossos corações no relacionamento com os muçulmanos em particular. Queremos encorajá-lo a orar diariamente pelos muçulmanos. Pode ser por aqueles muçulmanos dos noticiários ou pessoas sobre as quais você ouviu fa-

---

[3] Allender and Tremper Longman III, p. 102-103.

COMPARTILHANDO VIDAS  LIÇÃO UM

lar ou conhece pes- soalmente. Ore para que Deus faça deles Seus discípulos.

1. Examine a sua vida (peça que Deus o ajude a ver os pontos cegos): há em sua vida áreas nas quais o medo dos homens ou circunstâncias são maiores do que o seu temor a Deus? Como você pode aplicar as lições de Isaías 40 a 55 nestas situações?
2. Nós também queremos lhe encorajar, durante seu tempo de oração, a examinar a sua atitude a respeito do Islamismo e dos muçulmanos. Para que isso se torne o mais prático possível, sugerimos que você pegue a folha de papel que usou no início desta lição e na qual escreveu os pensamentos e imagens sobre o Islamismo e os muçulmanos e como você acha ou gostaria que o Islamismo se tornasse nos próximos 20 anos.

> Use o conteúdo desta lição e suas anotações durante o seu período de oração até a nossa próxima lição. Faça isso com base nos seguintes Salmos:
>
> primeiro dia: Salmo 137;
> segundo dia: Salmo 109;
> terceiro dia: Salmo 55;
> quarto dia: Salmo 69;
> quinto dia: Salmo 56;
> sexto dia: Salmo 27;
> sétimo dia: Salmo 91.
>
> Para cada Salmo, responda à seguinte pergunta: *qual lição deste Salmo eu posso aplicar em minha atitude e visão sobre os muçulmanos e o Islamismo?*

Muitos desses Salmos são chamados de 'Salmos imprecatórios', nos quais o escritor pede a Deus para castigar os seus inimigos. Muitos cristãos têm dificuldade para estabelecer uma harmonia entre esses Salmos e o amor de Deus e o seu mandamento para amar os nossos inimigos. Mas isso não é uma contradição. Orar esses Salmos significa

# LIÇÃO UM COMPARTILHANDO VIDAS

que nós reconhecemos a verdade de Romanos 12:17-21 (citação de Dt 32:35):

*"Não retribuam a ninguém mal por mal. Procurem fazer o que é correto aos olhos de todos. Façam todo o possível para viver em paz com todos. Amados, nunca procurem vingar-se, mas deixem com Deus a ira, pois está escrito: 'Minha é a vingança; eu retribuirei, diz o Senhor'".*

Esses Salmos nos ensinam que em nossa interação com nosso Pai celestial, há lugar para as nossas emoções. Quando levamos a nossa raiva, o nosso medo, a nossa ansiedade e o nosso preconceito diante de um Deus amoroso, gracioso, santo e justo, os nossos sentimentos negativos podem ser deixados em Sua presença e Ele pode ensinar-nos o que significa ser gracioso e perdoador como Ele é.

## Salmo 137

Este Salmo expressa o sentimento pós-traumático do povo de Deus, exilado na Babilônia. Eles foram vítimas de violência terrível, foram removidos dos seus lares e forçados a viver sob um regime estrangeiro. Estavam com uma tristeza profunda e em desespero. Eles querem saber o que Deus fará a respeito. Eles querem justiça e vingança.

> "Ousar expressar o desejo de vingança no contexto de adoração ao Deus que é amor, chega-se à conclusão angustiosa de que 'despedaçar contra rocha' um bebê seria abominável".[4]

## Salmo 109

Neste Salmo, nós ouvimos a voz de Davi cheia de raiva por causa da agressão injusta. Ele estava com raiva. Ele queria vingança – o pagamento que atingiria a família do homem que o prejudicara. Ele desejava ver o mesmo dano acontecer a todos que o agrediram e o deixara em agonia. Reflita sobre o lugar da raiva na vida de um cristão.

---

[4] Ida Glaser: "We Sat Down and Wept: Biblical Babylon and Israel as Resources for Conflict Situations," *The Round Table*, Vol. 94, No. 382, p. 641-651, outubro 2005.

COMPARTILHANDO VIDAS                LIÇÃO UM

### Salmo 55

Neste Salmo, Davi expressa grande ansiedade e medo. O perigo que o confronta apoderou-se de sua mente com uma fúria obsessiva que ele não consegue pensar em mais nada. Um amigo chegado traiu a confiança de Davi e o magoou profundamente. O desejo de Davi é o de fugir para bem longe do perigo. Mas de acordo com a parte final deste salmo, ele não foge para o deserto, mas para Deus. Davi sabe que Deus responderá aos seus medos pela Sua divina presença.

### Salmo 69

Vemos neste Salmo a bondade divina em meio a dor. O Salmo 69 é um bom exemplo da transição do sofrimento, medo e raiva para a glória e descanso. Porque a visão de Davi se move do sofrimento para Deus, há uma brusca mudança de humor no final – da dor para a alegria (versículos 30-36).

### Salmo 56

Este é outro Salmo no qual Davi coloca o seu medo diante do Senhor. O Salmo expressa um paradoxo: "Mas eu, quando estiver com medo, confiarei em ti. Em Deus..., eu confio, e não temerei". Você reconhece este paradoxo em sua vida?

### Salmo 27

Neste Salmo, Davi reconhece que Deus é maior do que as circunstâncias difíceis. As circunstâncias podem não mudar, mas na presença de Deus pode-se encontrar a paz no meio delas.

### Salmo 91

Este Salmo nos ensina que em tempos de perigo, quando as circunstâncias difíceis e pessoas más nos desafiam, nós podemos nos esconder na presença de Deus.

| LIÇÃO DOIS | COMPARTILHANDO VIDAS |  |

## LIÇÃO DOIS:
## DESENVOLVENDO UMA ATITUDE DA GRAÇA

Objetivo: ajudar os participantes a entenderem a importância da graça de Deus na Bíblia e em nossas próprias vidas, particularmente nos relacionamentos com o Islamismo e com os muçulmanos.

> **Parte Prática:**
> Conversem entre si sobre a tarefa da Lição 1: O que vocês aprenderam?

### 1  Introdução

Na lição 1, refletimos sobre a nossa atitude em relação ao Islamismo e aos muçulmanos. Quando levamos os nossos pensamentos negativos de medo, preconceito e ansiedade diante do Senhor, há lugar para o surgimento de outra atitude chamada graça. Este é o assunto desta segunda lição. Nós queremos refletir sobre a graça de Deus na vida de Jonas e sua relutância em ser um canal dessa graça.

Gostaríamos de ajudá-los a crescer na compreensão da importância da graça na Bíblia e em nossas vidas e explicar o significado de uma atitude de graça para com o Islamismo e os muçulmanos.

> **Parte Prática:**
> Pegue uma folha de papel e escreva sua definição de "Graça".
>
> **Para Discussão:**
> C.S. Lewis disse:
> *A diferença fundamental entre o cristianismo e as outras religiões do mundo é a graça.*
> Você concorda com isso? Justifique a sua resposta.

COMPARTILHANDO VIDAS — LIÇÃO DOIS

## 2   Lições sobre a graça na vida de Jonas

*Dentro do peixe, Jonas orou ao Senhor, o seu Deus. E disse: Em meu desespero clamei ao Senhor, e ele me respondeu. Do ventre da morte gritei por socorro, e ouviste o meu clamor (Jn 2:1, 2).*

Jonas havia fugido do Senhor e por isso estava debaixo do Seu julgamento. Apesar de tudo, ele ora a Deus pedindo socorro. E o Senhor graciosamente responde à oração. Dentro do peixe, Jonas percebe sua dependência na graça de Deus e clama: "A salvação vem do Senhor" (2:9). O peixe simboliza a graça de Deus na vida de Jonas. Nós, que conhecemos muito bem a história de Jonas, frequentemente ficamos cegos diante da esfera de ação da graça e compaixão de Deus. O Senhor quer nos ensinar a ser graciosos em vez de orgulhosos e críticos. Ele quer que os nossos corações sejam tão cheios de compaixão como é o dele. Na história de Jonas, no entanto, aprendemos que ele ainda não tinha entendido essa lição.

*Jonas, porém, ficou profundamente descontente com isso e enfureceu-se. Ele orou ao Senhor: Senhor, não foi isso que eu disse quando ainda estava em casa? Foi por isso que me apressei em fugir para Társis. Eu sabia que tu és Deus misericordioso e compassivo, muito paciente, cheio de amor e que prometes castigar mas depois te arrependes (Jn 4:1,2).*

A suspeita de Jonas — e razão da sua desobediência ao chamado de Deus para ir a Nínive — tornou-se realidade: Deus perdoa o povo de Nínive e mostra a eles a graça em vez de julgamento. No capítulo 4, aprendemos sobre o amor e a paciência de Deus para com Jonas. Deus não está satisfeito com a mera complacência, que é o que Ele recebeu de Jonas no capítulo 3, quando ele pregou o julgamento. O que Deus quer é que Jonas aprenda a ser gracioso para aqueles com quem Deus é gracioso. O coração de Jonas não mudou desde o seu primeiro chamado no capítulo 1.

Deus pergunta para Jonas: "Você tem alguma razão para essa fúria?" (4:4). Deus o está chamando para examinar a si mesmo e a sua atitude

LIÇÃO DOIS  COMPARTILHANDO VIDAS

a respeito do povo que Deus chamou para Si. Embora Jonas faça uma bela declaração teológica (4:2), o restante do capítulo mostra que uma boa teologia não leva automaticamente a um estado de espírito e a uma atitude de coração que estejam de acordo com ela. Portanto, ele é convidado a examinar a si mesmo.

Assim, a pergunta implícita de Deus é: quem é Jonas para estar irado quando Deus escolheu não destruir Nínive? Jonas sabe o que está no Pentateuco: "A mim pertence a vingança e a retribuição..." (Dt 32:35). A responsabilidade é de Deus e não de Jonas. O problema de Jonas é que ele quer controlar Deus.

Nós atuamos como se fôssemos Deus quando continuamos a ficar com raiva de indivíduos ou grupos de pessoas a quem Ele perdoou; quando queremos puni-los com as nossas próprias mãos, através de atitudes negativas, palavras rancorosas, ou mesmo ações hostis e destrutivas. Passamos à frente de Deus no cumprimento daquilo que pensamos que a justiça demanda. Deus faz para nós a mesma pergunta que fez a Jonas: "Você tem alguma razão para essa fúria?" E a única resposta certa deveria ser: "Não, Senhor, é o seu direito e não meu. Não me faz bem estar irado". Todos os que se beneficiam da compaixão de Deus não têm o direito de reclamar contra a soberana grandeza da sua misericórdia para com os outros, não importa quão injustos eles sejam.

> **Para Discussão:**
> **Foi muito difícil para Jonas ser um 'Doador da graça'. Você reconhece essa dificuldade em sua vida? Em quais situações você acha difícil se aproximar dos outros com a graça?**

### 3   Uma definição da graça

*Mas, pela graça de Deus, sou o que sou... (1 Co 15:9-11)*

Alguém definiu a graça como:

A **G**raça são as **R**iquezas de Deus à **C**usta do sofrimento de **C**risto!

COMPARTILHANDO VIDAS    LIÇÃO DOIS

Uma das definições mais curtas e conhecidas sobre graça é "favor imerecido de Deus". A palavra grega para graça é *charis*. A sua ideia básica é simplesmente "favor não meritório ou imerecido, um presente imerecido, um favor ou bênçãos, concedido como presente voluntariamente e nunca como mérito por um trabalho realizado". O termo hebraico usado para 'graça' significa 'inclinar, humilhar'. Inclui também a ideia de 'favor condescendente' (Sl 18:35).

A graça é "o que Deus fez pela humanidade através do Seu Filho, o que a humanidade não pode ganhar, não merece e da qual nunca será digna". A Bíblia descreve a graça de Deus como glória (Ef 1:6), abundante (At 4:33), riqueza e suprema riqueza (Ef 1:7; 2:7), multiforme (multifacetada, multicolorida (1 Pd 4:10) e suficiente (2 Co 12:9). Quando estudamos o conceito da graça na Bíblia, notamos três exemplos:

1. a graça é parte daquilo que Deus é
2. a graça está relacionada a todas as principais doutrinas da Bíblia
3. a graça é vista e reconhecida na vida dos cristãos.

Abaixo, um resumo destes três exemplos da graça.

## 3. A  Graça é parte de quem Deus é

### 3.A.1  Encontramos a graça de Deus em toda Bíblia

A expressão "graça de Deus" aparece vinte vezes no Novo Testamento [5]. Esta frase expressa a fonte da graça. Deus é chamado de 'o Deus de toda a graça' (1 Pd 5:10), que reina como soberano 'junto ao trono da graça' (Hb 4:16). O Espírito de Deus é chamado de 'Espírito da graça' (Hb 10:28, 29). O Evangelho é chamado de 'Evangelho da graça de Deus' (At 20:24). A Palavra de Deus é chamada de 'Palavra da Sua graça' (At 20:32).

---

[5] Lc 2:40; At 11:23, 13:43, 14:26, 20:24; Rm 5:15; 1 Co 1:4, 3:10, 15:10; 2 Co 1:12, 6:1, 8:1, 9:14; Gl 2:21; Cl 1:6; Tt 2:11; Hb 2:9, 12:15; 1 Pe 4:10, 5:12.

# LIÇÃO DOIS — COMPARTILHANDO VIDAS

A doutrina da graça divina é a base do pensamento do Antigo e do Novo Testamentos. Entretanto, o Antigo Testamento apenas antecipa e prepara para a total expressão da graça que se manifesta no Novo Testamento. O primeiro uso da palavra graça na Bíblia encontra-se na tradução da Septuaginta, em Gênesis 6:8, onde lemos que... *Noé, porém, achou graça aos olhos do Senhor.* Uma das últimas palavras de Deus na Bíblia é sobre a graça: *Aquele que dá testemunho destas coisas diz: "Sim, venho em breve!" Amém. Vem, Senhor Jesus. A graça do Senhor Jesus seja com todos. Amém* (Ap 22:20,21).

### 3.A.2 Jesus é a manifestação irrevogável da graça de Deus

*Aquele que é a Palavra tornou-se carne e viveu entre nós. Vimos a sua glória, glória como do Unigênito vindo do Pai, cheio de graça e de verdade. Todos recebemos da sua plenitude, graça sobre graça. Pois a Lei foi dada por intermédio de Moisés; a graça e a verdade vieram por intermédio de Jesus Cristo* (Jo 1:14,16,17).

Quando Paulo escreve para Tito sobre a primeira vinda de Cristo, ele diz: "Porque a graça de Deus se manifestou salvadora a todos os homens" (Tt 2:11). A graça de Deus é muito mais do que um atributo divino; ela é a Pessoa divina, Jesus Cristo. Jesus Cristo não só era o Deus encarnado como era a graça encarnada. Ele mesmo personifica e expressa a graça de Deus.

### 3.B A graça está relacionada a todas as principais doutrinas da Bíblia

*Pois vocês são salvos pela graça, por meio da fé; e isto não vem de vocês, é dom de Deus; não por obras, para que ninguém se glorie* (Ef 2:8,9).

A graça é de fato o fundamento. De uma maneira ou de outra, ela atinge cada área da verdade ou da doutrina. Cada aspecto da doutrina está relacionado com a graça.

Nós somos justos mediante o dom da graça de Deus (Tt 3:4-8; Rm 3:21-24). Nós somos salvos pela graça (2 Tm 1:9; At 15:8-12). Nós fo-

COMPARTILHANDO VIDAS — LIÇÃO DOIS

mos perdoados, redimidos, adotados como filhos de Deus pela graça (Ef 1:3-8; At 18:26-28). Nós somos chamados e escolhidos pela graça (2 Tm 1:7-10; Gl 1:6,13-17; Rm 11:5,6). Nossa esperança futura e segurança eterna estão fundamentadas na graça (2 Ts 2:15-17; 1 Pd 1:13-15; Rm 5:1-2).

A graça é valiosa. Em sua primeira carta, na qual o apóstolo Pedro escreve muito sobre a graça (1:2,10,13; 2:19,20; 3:7; 4:10; 5:10,12), ele relembra os seus leitores de que nós não fomos redimidos através de coisas perecíveis, tais como a prata e o ouro, mas "pelo precioso sangue de Cristo" (1:19).

Que paradoxo maravilhoso – a graça teve um custo imensurável para Deus expressá-la e, contudo, é incondicionalmente gratuita para todos os homens. A graça é o favor de Deus oferecido gratuitamente, mas dispendiosamente manifestada!

Em 1 Coríntios 15:10, o apóstolo Paulo escreve:

*Mas, pela graça de Deus, sou o que sou, e sua graça para comigo não foi inútil...* (1 Co 15:10).

Neste testemunho, nós encontramos uma excelente ilustração da aplicação prática da graça. A marca de um filho de Deus é que pela graça de Deus ele é o que é.

### 3.C   A graça é para ser vista e reconhecida em nossas vidas

*Este [Barnabé], ali chegando e vendo a graça de Deus, ficou alegre...* (At 11:23)

Porque a graça faz parte do que Deus é e porque ela é a base da nossa salvação e de cada boa dádiva do nosso Pai celestial, deveria ser normal que esta tivesse um papel central em nossas vidas como cristãos e deveria ser vista em tudo o que fazemos. Quando Barnabé chegou a Antioquia, **viu** a graça de Deus na vida dos crentes. Os apóstolos viram a graça de Deus em Paulo e estenderam a mão direita para ele, em sinal de comunhão (Gl 2:9). A graça é algo que deve ser visto e reconhecido em nossas vidas. A graça é muitas vezes chamada de 'amor

| LIÇÃO DOIS | COMPARTILHANDO VIDAS |  |

em ação'. Tendo recebido de Deus e continuando a recebê-la diariamente em abundância, ela nos transforma e dirige as nossas ações.

Contudo, os cristãos nem sempre são reconhecidos pela sua graça.

David Seamond escreve:

*Dois grandes motivos da maioria dos problemas emocionais entre os cristãos evangélicos são a incapacidade de entender, receber e viver da graça e perdão incondicionais de Deus, e a incapacidade de dar o amor, perdão e a graça incondicionais para outras pessoas... Nós lemos, ouvimos e cremos em uma boa teologia da graça. Mas ela não faz parte do nosso estilo de vida. As boas novas do evangelho da graça não chegaram ao nível das nossas emoções.*[6]

Portanto, vejamos o que a Bíblia nos ensina sobre o que é a graça atuando em nós:

### 3.C.1  A graça nos capacita a viver uma vida transformada e justa

*Porque a graça de Deus se manifestou salvadora a todos os homens. Ela nos ensina a renunciar à impiedade e às paixões mundanas e a viver de maneira sensata, justa e piedosa nesta era presente (Tt 2:11,12).*

Nesses versículos e também em Tito 3:3-8, Paulo estabelece uma clara ligação entre a doutrina da graça e a vida dos cristãos. A graça de Deus resulta em mudança de vida. A graça traz salvação, mas não para por aí, ela continua capacitando o crente para a santificação diária. A graça nos capacita a viver de modo diferente, a dizer não para as paixões ímpias e mundanas, a ter uma vida de domínio próprio, justa e piedosa, e fazendo o que é bom (Tt 3:8). A doutrina cristã é pregada mais eficazmente pela conduta de um cristão. A crença determina a conduta. A graça não nos dá permissão para fazer o que nós queremos, mas o poder para fazer o que devemos.

---

[6] David A. Seamands, *Healing for Damaged Emotions*, (Scripture Press, Victory Books, USA, 1991), p. 32.

### 3.C.2 A graça nos impede de nos tornarmos amargos e nos liberta para perdoar e abrir mão

*Esforcem-se para viver em paz com todos e para serem santos; e para serem santos; sem santidade ninguém verá o Senhor. Cuidem que ninguém se exclua da graça de Deus; que nenhuma raiz de amargura brote e cause perturbação, contaminando muitos (Hb 12:14, 15).*

A graça nos liberta de uma atitude legalista, a qual sempre resulta em uma amargura que contamina a muitos. O legalismo enfatiza o que deveríamos fazer para Deus e não o que Ele fez por nós em Jesus.

Nós precisamos da graça em nossos relacionamentos interpessoais, e isso se expressa na paciência, no perdão, na submissão e na liberdade para deixar Deus trabalhar na outra pessoa. Ela nos liberta da tentativa de ser o Espírito Santo na vida de outra pessoa. Crescer na graça nos ajuda a gastar menos tempo e energia criticando e preocupando-nos com as escolhas dos outros, tornando-nos, assim, mais tolerantes e menos julgadores.

Ser uma pessoa com uma atitude da graça significa abrir mão dos outros:

---

**ABRIR MÃO**

Abrir mão não significa parar de se importar,
significa que eu não posso fazer algo no lugar de alguém.
Abrir mão não é romper.
É ter a consciência de que não posso controlar o outro.
Abrir mão não é capacitar,
mas permitir a aprendizagem das consequências naturais.
Abrir mão é admitir impotência,
o que significa que o resultado não está em minhas mãos.
Abrir mão não é tentar mudar ou culpar o outro,
eu só posso mudar a mim mesmo.
Abrir mão não é cuidar, mas se preocupar.
Abrir mão não é corrigir, mas ser solidário.

---

LIÇÃO DOIS     COMPARTILHANDO VIDAS

> Abrir mão não é julgar,
> mas permitir que o outro se torne um ser humano.
> Abrir mão não é estar controlando todos os resultados,
> mas permitir que os outros consigam os seus próprios resultados.
> Abrir mão não é ser protetor,
> é permitir que o outro enfrente a realidade.
> Abrir mão não é negar, mas aceitar.
> Abrir mão não é reclamar, xingar ou discutir, mas descobrir meus próprios defeitos e corrigi-los.
> Abrir mão não é fazer tudo conforme os meus desejos, mas aceitar cada dia conforme ele se apresenta.
> Abrir mão não é criticar e regular ninguém, mas tentar me tornar naquilo que sonho ser.
> Abrir mão não é lamentar o passado, mas crescer e viver para o futuro.
> Abrir mão é temer menos e amar mais![7]

### 3.C.3 A graça nos lembra que devemos permanecer humildes

*Deus se opõe aos orgulhosos, mas concede graça aos humildes (Tg 4:6; 1 Pd 5:5; Pv 3:34).*

Humildade é condição e resultado da graça. A graça de Deus ajuda um fiel a entender que, em sua própria força natural, ele não pode andar como Deus deseja, pois em última análise, este é um andar sobrenatural, capacitado pelo Espírito, graça poderosa de andar em total, contínua e completa dependência de sua suficiente provisão.

### 3.C.4 A graça nos dá força sobrenatural para lidar com as circunstâncias difíceis

*Minha graça é suficiente para você, pois o meu poder se aperfeiçoa na fraqueza (2 Co 12:9).*

---

[7] Charles R. Swindoll, *The Grace Awakening*, (Milton Keynes, UK: World Publishing1990), p. 146-147.

COMPARTILHANDO VIDAS    LIÇÃO DOIS

Paulo escreve que ele foi levado ao terceiro céu e foi lhe dado um espinho na carne para que ele não se exaltasse. Suplicou três vezes ao Senhor para que removesse o espinho. A resposta do Senhor para Paulo foi de que a Sua graça bastava. Se a graça de Deus é suficiente para nos salvar, certamente ela é suficiente para nos guardar e nos fortalecer em tempos de sofrimento e fraqueza. Deus permite que nos tornemos fracos para que possamos receber a Sua força.

### 3.C.5   A graça influencia o nosso modo de falar

*Sejam sábios no procedimento para com os de fora; aproveitem ao máximo todas as oportunidades. O seu falar seja sempre agradável [charis] e temperado com sal, para que saibam como responder a cada um (Cl 4:5,6).*

A palavra 'graça', aqui, refere-se à agradável, cativante, cortês, saudável, sensível, amável, apropriada, gentil, amorosa e atenciosa.

Nossas palavras amáveis refletem a graça de Cristo, que usa a nossa benevolência para atrair outros para a Sua graça salvadora.

*Todos falavam bem dele, e estavam admirados com as palavras de graça que saíam de seus lábios... (Lc 4:22).*

### 3.C.6   A graça nos capacita a nos doarmos para os outros

*Agora, irmãos, queremos que vocês tomem conhecimento da graça que Deus concedeu às igrejas da Macedônia (2 Co 8:1).*

*E Deus é poderoso para fazer que lhes seja acrescentada toda a graça, para que em todas as coisas, em todo o tempo, tendo tudo o que é necessário, vocês transbordem em toda boa obra (2 Co 9:8).*

Em 2 Coríntios capítulos 8 e 9, o apóstolo Paulo escreve sobre a oferta que está sendo arrecadada nas igrejas dos gentios para os cristãos pobres em Jerusalém. Nestes capítulos, ele usa a palavra 'graça' (*charis*) 10 vezes. Ele a usa como um sinônimo para a doação cristã, que é simplesmente o jorrar da graça de Deus em e através de nossas vidas. Se nós entendermos genuinamente e apreciarmos a graça de Deus

LIÇÃO DOIS  COMPARTILHANDO VIDAS

oferecida aos pecadores como nós, desejaremos expressá-la compartilhando-a com os outros. A graça de Deus abrirá o nosso coração e a nossa mão, porque um coração aberto não poderá manter uma mão fechada. Apesar do contexto ser a respeito de doação financeira, creio que podemos aplicá-lo a outros tipos de doação (por exemplo: tempo, energia, amor, cuidado e compaixão). Por causa da incomparável graça de Deus para conosco, nós podemos ser generosos de todas as formas para com os outros. Os fiéis são canais pelos quais a graça de Deus pode fluir para ir ao encontro das necessidades dos outros.

Se olharmos para a importância da graça na Bíblia e nas vidas dos cristãos, não nos surpreenderá que a igreja primitiva lembrava uns aos outros da importância da graça na saudação "Graça e paz... etc.", era uma frase comum usada por Paulo e Pedro, quer na abertura ou na bênção no final de suas cartas (Gl 1:1; Ef 1:1; 2 Tm 1:1; 1 Pd 1:2; 2; Pd 1:2).

> **Para discussão:**
> Na parábola do Filho Pródigo (Lucas 15:11-32), Jesus ilustra maravilhosamente a maneira como Deus ('o pai' na parábola) manifesta sua graça com seus filhos, e revela também o quão difícil é viver pela graça e compartilhá-la com os outros. Leia a parábola e responda as seguintes perguntas:
> 1. Como a graça do pai é vista
>    a) pelo filho mais novo; b) pelo filho mais velho?
> 2. Qual evidência você encontra, nessa parábola, para o fato de que ambos os filhos encontrarem dificuldade para receber a graça?
> 3. O filho mais velho não estava disposto a ser gracioso para seu irmão. Você reconhece e identifica essa mesma atitude em sua vida?

COMPARTILHANDO VIDAS    LIÇÃO DOIS

## 4 Desenvolvendo uma resposta baseada na graça para os muçulmanos

Nós vimos que a graça está ligada ao que Deus é e a tudo que Ele faz e, portanto, deveria ser uma característica básica para os cristãos. Agora, queremos aplicar o que aprendemos a respeito da graça para a nossa atitude a respeito do Islamismo e dos muçulmanos. Em vez de medo, da desconfiança e do preconceito, a nossa resposta ao Islamismo e aos muçulmanos deveria ser a graça.

Steve Bell define a resposta baseada na graça como:

*Uma resposta baseada na graça é... "uma vontade de alterar o mecanismo padrão em nossos cérebros que nos faz temer o desconhecido em outra pessoa; estar preparado para dar aos outros o benefício da dúvida e fazer um esforço para descobrir porque eles se comportam daquela maneira".*[8]

A resposta baseada na graça para os muçulmanos consiste em seis princípios:

### 4.1 Aplique a regra de ouro

No Sermão do Monte, Jesus encoraja os seus seguidores:
*Assim, em tudo, façam aos outros o que vocês querem que eles lhes façam; pois esta é a Lei e os Profetas (Mt 7:12).*

Em obediência a esta tão conhecida 'regra de ouro', ao lidar com o Islamismo e os muçulmanos, nós deveríamos:

1) <u>Julgar o Islamismo honestamente</u>
Quando nós avaliamos o Islamismo, temos de usar o mesmo critério de análise que queremos aplicar para nós mesmos. Nós não deveríamos comparar o pior do Islamismo com o melhor do Cristianismo. Por exemplo: comparar o uso da violência dos muçulmanos com as pa-

---

[8] Steve Bell, *Grace for Muslim? The journey from fear to faith*, (Milton Keynes: Authentic Media, 2006), p.1.

lavras de Jesus: "Eu vim trazer paz"; ou comparar o casamento de Maomé com a visão bíblica do casamento.

2) Esteja ciente dos erros do Cristianismo no passado
Na história da igreja, encontramos muita violência e outras coisas terríveis realizadas em nome do Cristianismo. Estando ciente disso, tal fato pode nos tornar mais graciosos para com os muçulmanos, porque "aqueles que vivem em casas de vidro não devem atirar pedras".

3) Observe a intenção do muçulmano
Quando olhamos para as questões centrais em que o Islamismo discorda do Cristianismo, poderíamos nos perguntar qual foi a intenção original de Maomé, em cada ponto de contradição, e como tinha a intenção de guiar o muçulmano, por exemplo: muitos muçulmanos mostram que a intenção de Maomé era a de melhorar a situação das mulheres em relação ao mundo de sua época.

Também, quando falamos sobre os muçulmanos em nossos países, frequentemente supomos que sabemos de suas intenções, em vez de perguntar a eles sobre elas.

4) Evite os estereótipos
Os estereótipos categorizam as pessoas e reduzem situações complexas às suas formas mais simples, sem a compreensão do todo. Os estereótipos descaracterizam os indivíduos. Devemos ter o cuidado ao atribuir a todos os muçulmanos opiniões ou comportamentos que são características de apenas um número de muçulmanos.

## 4.2 Amar o nosso vizinho muçulmano como amamos a nós mesmos

O povo de Israel recebeu orientações sobre como lidar com os seus vizinhos, com os estrangeiros em seu meio e com os seus inimigos. Eles deveriam amar os seus vizinhos como a si mesmos (Lv 19:18), amar o estrangeiro como a si mesmos (Lv 19:34) e Jesus encoraja os seus seguidores a amarem os seus inimigos (Mt 5:44). Os cristãos são encorajados a refletir a atitude de Deus para com os seus vizinhos, estrangeiros e inimigos.

COMPARTILHANDO VIDAS — LIÇÃO DOIS

Isto, entre outras coisas, significa: não maltratá-los ou oprimi-los, procurar entendê-los (Ex 22:21, 23:9); ser bondoso quando eles estão em dificuldades (Ex 23:4, 5); abençoá-los, não se vingar e fazer o bem (Rm 12:14-21; Pv 25:21, 22).

### 4.3 Não dar falso testemunho sobre o meu vizinho (muçulmano)

Um dos Dez Mandamentos é que não devemos dar falso testemunho contra outra pessoa (Ex 20:16). Fazendo uma aplicação para o Islamismo, isso significa que quando falamos sobre ele, devemos procurar ser o mais verdadeiro possível. Algumas vezes, o medo pode levar as pessoas a exagerar negativamente as situações (por exemplo: em Números 13, os 10 espias exageraram na sua percepção negativa sobre Canaã, a fim de impedir que o povo de Israel entrasse naquela terra). Essencialmente, o Islamismo é o que o muçulmano diz ser. Devemos ser cuidadosos ao interpretar o Alcorão e usar versos fora do contexto ou sem levar em consideração como esses versos têm sido ou são interpretados pelos estudiosos muçulmanos. Nós deveríamos estar dispostos a ouvir os muçulmanos e aprender a ver o mundo atra- vés dos seus olhos.

### 4.4 Disposição em reconhecer os aspectos positivos do Islamismo

Abraão achava que "certamente não há temor de Deus neste lugar", mas descobre que algumas pessoas fora do povo de Israel (Abimeleque, rei de Gerar) tinham uma reverência genuína a Deus e até eram capazes de ouvir e responder a uma comunicação direta de Deus (Gênesis 20:1-18).

Outro aspecto da graça para os muçulmanos é a nossa disposição em reconhecer alguns pontos positivos do Islamismo, de Maomé, da civilização islâmica, da história e da cultura. Por isso, nós devemos ser capazes de aprender sobre as características boas dos muçulmanos e do Islamismo. Devemos, também, estar dispostos a aprender com eles

LIÇÃO DOIS COMPARTILHANDO VIDAS

sobre o nosso próprio relacionamento com Deus. Devemos procurar sinais (ecos) da graça de Deus no Islamismo. Devemos ser capazes de apreciar o que faz do Islamismo uma religião atraente e sensata aos olhos de milhões de pessoas.

### 4.5 Habilidade de olhar para os muçulmanos como seres humanos

A graça de Deus nos capacita a ver os muçulmanos como seres humanos com uma fé singular, não como representantes de um sistema religioso. É importante que enxerguemos além do rótulo do "véu" de uma mãe chamada Samira. Que possamos perceber além do "muçulmano", para ver Hassan, um pai trabalhador. Que vejamos mais do que o rótulo de um "imigrante muçulmano", um jovem, Hossaine, ou uma jovem, Khadija, que tem grande esperança no futuro, que descubramos os medos por trás de um muçulmano irado e fundamentalista, Samir A.

Vamos encontrar o amigo que há no muçulmano.

### 4.6 Reconheça algumas promessas na Bíblia que possam ser aplicadas aos muçulmanos

Uma tradição muito difundida no mundo árabe associa Ismael e seus descendentes com os árabes em geral e com os árabes muçulmanos em particular. De acordo com Tony Maalouf, em seu livro *Arabs in the Shadow of Israel* (Árabes a sombra de Israel, tradução livre), diz que "relatos mais antigos claramente vinculam antigos árabes do norte a Ismael" e que "Ismael tornou-se um grande símbolo para as tribos árabes do norte no primeiro século AD".[9]

À luz disso, é importante estar ciente que Deus deu as suas promessas para os descendentes de Ismael. Deus prometeu abençoar Ismael, em resposta à oração de Abraão (Gn 17:20). A eleição de Isaque (e Israel)

---

[9] Tonny Maalouf, *Arabs in the Shadow of Israel*, (Grand Rapids MI: Kregel Publications, 2003), p. 45.

COMPARTILHANDO VIDAS　　　　　　　LIÇÃO DOIS

não afasta Ismael e seus descendentes do cuidado espiritual e material de Deus. Deus trata graciosamente Hagar e Ismael. Em Gênesis 25:13-18, temos uma lista dos nomes dos filhos de Ismael, tais como **Nebaiote** e **Quedar**.

A Bíblia tem diversas referências proféticas para as tribos árabes descendentes de Ismael:

*Cantem ao Senhor um cântico novo, seu louvor desde os confins da terra, vocês, que navegam no mar, e tudo que nele existe, vocês, ilhas e todos os seus habitantes. Que o deserto e as suas cidades ergam a sua voz; regozijem-se os povoados habitados por **Quedar**. Cante de alegria o povo de **Selá**... Dêem glória ao Senhor e nas ilhas proclamem seu louvor (Is 42:10-12).*

*Manadas de camelos cobrirão a sua terra, camelos novos de Midiã e de Efá. Virão todos os de Sabá carregando ouro e incenso e proclamando o louvor do Senhor. Todos os rebanhos de **Quedar** se reunirão junto de você, e os carneiros de **Nebaiote** a servirão; serão aceitos como ofertas em meu altar, e adornarei o meu glorioso templo (Is 60:6-8).*

De acordo com vários Pais da Igreja primitiva (por exemplo: Justino Mártir), os magos que vieram do Oriente para adorar o Rei dos judeus, provavelmente, eram árabes.

> *"Os presentes que o Rei dos judeus recebeu dos magos representavam fontes árabes de riqueza por excelência. Os árabes eram os principais produtores e transportadores de incenso e ouro durante séculos antes de Cristo. Eles presenteavam o rei persa, anualmente, com trinta toneladas de incenso como sinal de lealdade. A profecia de Isaías 60:1-7 previa a conversão das riquezas das nações, principalmente das árabes, para o Messias em Jerusalém no alvorecer da luz messiânica sobre a nação de Israel. As- sim, torna-se natural ver os magos árabes demonstrando sua fidelidade ao Rei dos reis."*[10]

---

[10] Maalouf, p. 218.

LIÇÃO DOIS  COMPARTILHANDO VIDAS

Os magos árabes talvez sejam os primeiros frutos da colheita. Deus está trabalhando no mundo muçulmano. Os muçulmanos estão chegando à fé em Cristo em todo o mundo. Deus se revela a eles em sonhos e visões. A igreja está crescendo em diversas partes do mundo muçulmano.

O profeta Isaías falou contra a terra/tribo de **Cuxe,** a qual estudiosos atuais identificam como uma tribo árabe, provavelmente onde é hoje o norte do Sudão. Isaías fala a respeito deles como a um *povo alto e de pele macia, a um povo temido pelos que estão perto e pelos que estão longe, nação agressiva e de fala estranha, cuja terra é dividida por rios* (Is 18:2).

Ele termina sua profecia com uma promessa maravilhosa, a saber: este mesmo povo, que é tão temido, trará presentes para o Senhor Poderoso, ao local do Nome do Senhor dos Exércitos.

*Naquela ocasião, dádivas serão trazidas ao Senhor dos Exércitos da parte de um povo alto e de pele macia, da parte de um povo temido pelos que estão perto e pelos que estão longe, nação agressiva e de fala estranha, cuja terra é dividida por rios. As dádivas serão trazidas ao monte Sião, ao local do nome do Senhor dos Exércitos. (Is 18:7)*

Você acredita que aqueles, que hoje, inspiram temor em muitos corações (por exemplo: muçulmanos extremistas) podem tornar-se o povo que traz dádivas de reverência e respeito pelo Senhor dos Exércitos?

---

**Tarefa**

1. Leia a parábola do filho pródigo (Lucas 15:11-32) diversas vezes antes da próxima lição. Com qual dos três personagens (o pai, o filho mais novo ou o filho mais velho) você se identifica? Como a graça é recebida e dada a cada um deles? De que maneira você precisa para crescer mais à semelhança do pai, especialmente quando se trata de ser um doador da graça?

2. Ore a oração de São Francisco nas próximas semanas.

**COMPARTILHANDO VIDAS**      LIÇÃO DOIS

> **Oração de São Francisco**
>
> *Senhor, fazei-me instrumento de vossa paz.*
> *Onde houver ódio, que eu leve o amor;*
> *Onde houver ofensa, que eu leve o perdão;*
> *Onde houver discórdia, que eu leve a união;*
>
> *Onde houver dúvida, que eu leve a fé;*
> *Onde houver erro, que eu leve a verdade;*
>
> *Onde houver desespero, que eu leve a esperança;*
> *Onde houver trevas, que eu leve a luz.*
> *Onde houver tristeza, que eu leve a alegria;*
>
> *Ó Mestre, fazei que eu procure*
> *mais consolar, que ser consolado;*
> *compreender, que ser compreendido;*
> *amar, que ser amado.*
>
> *Pois, é dando que se recebe,*
> *é perdoando que se é perdoado,*
> *e é morrendo que se vive para a vida eterna.*

**Background da vida de Francisco de Assis**

**Francisco de Assis** (1182–1226) era um frade e pregador católico italiano. Ele foi o fundador da Ordem Franciscana. Quando os cruzados foram para o Oriente Médio para luta armada contra os muçulmanos, Francisco andou por várias regiões do Oriente Médio como um apóstolo da graça. Ele pregou o Evangelho para o sultão, o general dos exércitos muçulmanos. Steve Bell descreve Francisco como "um cristão que tinha o equilíbrio da realidade política com uma atitude graciosa em relação aos muçulmanos".[11]

Christine A. Malloyhi, em seu livro *Waging Peace on Islam* (Promovendo a Paz no Islamismo, tradução livre), considera Francisco um exem-

---

[11] Steve Bell, *Grace for Muslims?*, p. 5.

| LIÇÃO DOIS | COMPARTILHANDO VIDAS |  |

plo de como ter contato com os muçulmanos em tempos de animosidade mútua.[12] Quando a oração de Francisco de Assis for respondida através de nós, então seremos capazes de um amor que 'tudo sofre, tudo crê, tudo espera, tudo suporta' (1 Co 13:7 NVI). Esta é a resposta bíblica em vez de uma reação humana aos muçulmanos.[13]

---

[12] Para saber mais sobre Francisco de Assis e o que podemos aprender do seu contato com os muçulmanos, sugiro a leitura do livro de Christine A. Malloyhi, *Waging Peace on Islam*, (London: Monarch Books, 2000).

[13] Steve Bell, *Grace for Muslims?*, p. 7.

| LIÇÃO TRÊS | COMPARTILHANDO VIDAS |  |

## LIÇÃO TRÊS: ENTENDENDO OS MUÇULMANOS

*Objetivo: aprender os diversos pontos fundamentais da fé e prática do Islamismo*

### 1     Introdução

Observamos a nossa atitude e emoções a respeito do Islamismo e dos muçulmanos e começamos a aprender a nos aproximar deles com uma atitude da graça. Agora, estamos em uma posição melhor para receber uma informação acurada sobre o Islamismo e os muçulmanos. Na lição anterior, nós aprendemos que um dos aspectos de uma atitude da graça é olhar para o Islamismo através dos olhos dos muçulmanos. Por isso o conteúdo desta lição foi elaborado com fontes muçulmanas.[14] Esta lição também foi discutida com um imame.

### 2     Jonas, no Islamismo[15]

Nas lições anteriores, vimos o profeta Jonas do ponto de vista bíblico. Nesta lição, nós veremos o que o Islamismo ensina a respeito de Jonas. De acordo com as tradições islâmicas, a sepultura do profeta Jonas (chamado de 'nabi Yunus', em árabe) está localizada na atual Mosul, 400 quilômetros ao norte de Bagdá, no Iraque. Na mesquita chamada Yunus, pode-se encontrar o túmulo de Jonas, decorado com ossos de baleia.

### A     Referências a Jonas no Alcorão

O nome e/ou a história de Jonas é encontrado nos seguintes versos do Alcorão:

---

[14] E.g. Islam: A brief Guide, The Muslim Educational Trust, UK.

[15] De: http://www.angelfire.com/on/ummiby1/jonah.html e http://etext.virginia.edu/journals/ssr/issues/volume3/number1/ssr03-01-e02.html

COMPARTILHANDO VIDAS                              LIÇÃO TRÊS

Sura (capítulo) 4:163; Sura 10:98-100; Sura 21:87, 88; Sura 37:138-148; Sura 68:48-50.

Sura 10 tem o seu nome. Em Sura 21:87-90, Jonas é chamado de 'o Pescador', e em Sura 68:48-50, é chamado de 'o homem da baleia'.

*Aguarda, pois, o julgamento de teu Senhor e não sejas como o homem da baleia quando, em desespero, gritou para o seu Senhor. Não tivesse ele sido socorrido por uma graça de seu Senhor, teria sido rejeitado sobre uma terra selvagem, e condenado por todos. Mas Deus o elegeu e colocou-o entre os justos (Sura 68:48-50).*

*E Jonas quando partiu, irado, pensando que nada poderíamos contra ele. Depois, nas trevas, declarou: "Não há deus senão Tu. Glorificado sejas! Eu era um dos iníquos". Então, atendeu a ele e o libertou da angústia. Assim é que vamos salvar os crentes. (Sura 21:87, 88)*

*E de noite. E não refletis? Jonas também foi um dos enviados. Fugiu para o navio sobrecarregado. E quando escolheram pela sorte quem deveria ser jogado no mar, foi um dos perdedores. Uma baleia o engoliu, pois ele era culpado. E se não tivesse glorificado a Deus, teria permanecido no ventre da baleia até o dia da ressurreição dos mortos. E o arrojamos, doente, sobre a praia deserta. E fizemos brotar sobre ele uma aboboreira. Depois, enviamo-lo para pregar a 100.000 pessoas ou mais. E elas se converteram, e deixamo-las gozar a vida por algum tempo (Sura 37:138-148).*

*Por que nunca houve uma cidade que cresse e tirasse proveito de sua fé, exceto a de Jonas? Quando creram, salvamo-los do castigo ignominioso nesta vida e deixamo-los gozar por um tempo. Se teu Senhor quisesse, todos os habitantes da terra seriam crentes. Pertencerá a ti compelir os homens a crer? Na verdade, nenhuma alma crerá sem a permissão de Deus. E Ele cobrirá de opróbrio os que não raciocinam (Sura 10:98-100).*

## B    Resumo do ensino islâmico sobre Jonas

Com base nesses versos e também em algumas das Tradições Islâmicas (Hadith, escritos sobre o que Maomé falou e fez), podemos resumir o ensino islâmico sobre Jonas da seguinte forma:

Jonas foi um profeta enviado por Deus para o seu próprio povo, na cidade de Nínive. Os habitantes de Nínive eram idólatras que viviam uma vida de ignomínia. Jonas foi enviado para ensiná-los a adorar a Alá. O povo não gostou de sua interferência no modo como eles adoravam, então argumentaram: "Nós e os nossos antepassados adoramos estes deuses por muitos anos e nenhum mal veio sobre nós". Por mais que ele tentasse convencê-los da loucura da idolatria e da bondade das leis de Alá, eles o ignoravam. Ele os admoestou dizendo que se continuassem com a sua loucura, a punição de Alá viria em breve. Ao invés de temerem Alá, eles disseram a Jonas que não estavam com medo das ameaças. Jonas estava abatido e deixou Nínive temendo que a ira de Alá acontecesse de imediato.

Mal deixara a cidade, o céu começou a mudar de cor e foi como se estivesse em chamas. Quando viram aquilo, o povo se encheu de temor. Eles se lembraram da destruição do povo no tempo de Noé. Eles se juntaram na montanha e começaram a suplicar a Alá por misericórdia e perdão. Alá retirou a ira e derramou as suas bênçãos sobre eles outra vez. Quando a tempestade ameaçadora dissipou-se, eles oraram para o retorno de Jonas de modo que ele pudesse guiá-los.[16] Entretanto, Jonas embarcou em um pequeno navio em companhia de outros passageiros. Eles velejaram em águas calmas. Quando chegou a noite, o mar mudou repentinamente. Uma terrível tempestade soprou como se fosse partir o navio em pedaços. O capitão pediu à tripulação que aliviasse o navio da carga pesada. Eles atiraram a bagagem ao

---

[16] Conforme Razi em seu comentário sobre o Alcorão, foi no dia de Asjurah (dia do jejum) que o povo de Jonas se converteu. (Na sinagoga judaica no dia do jejum no nono mês de Av, Tisja Ba'av, durante as orações da tarde, as leituras são do livro de Jonas.)

COMPARTILHANDO VIDAS    LIÇÃO TRÊS

mar, mas não foi o suficiente. A sua salvação estava em reduzir o peso ainda mais, então eles decidiram, entre eles, aliviar sua carga, eliminando pelo menos uma pessoa. O capitão disse: "Vamos fazer um sorteio com os nomes de todos os passageiros. Aquele cujo nome for sorteado será atirado ao mar". O nome sorteado foi o de "Jonas". Uma vez que sabiam que ele era o mais honrado entre eles, não quiseram atirá-lo no mar revoltoso. Portanto, eles decidiram fazer um segundo sorteio. O nome de Jonas foi sorteado novamente. Eles deram mais uma chance a ele e fizeram um terceiro sorteio. Infelizmente para Jonas, o seu nome apareceu novamente. O assunto estava encerrado, foi decidido que Jonas deveria se atirar na água. Uma baleia encontrou Jonas flutuando nas ondas. Ela o engoliu em seu estômago violento e cerrou os seus dentes de marfim sobre ele. Três camadas de escuridão o envolveram, uma sobre a outra; a escuridão do estômago da baleia, a escuridão do fundo do mar, e a escuridão da noite. Jonas orou para Alá. Alá viu o seu arrependimento sincero e ouviu a sua petição do estômago da baleia. A baleia cuspiu Jonas em uma remota ilha. Seu corpo estava inflamado por causa dos ácidos do estômago da baleia. Ele estava doente, e quando o sol nasceu, os seus raios queimaram seu corpo inflamado de modo que ele estava a ponto de gritar de dor. Entretanto, ele suportou a dor e continuou fazendo a sua petição a Alá. Alá fez com que uma planta crescesse para o proteger. Então, Alá fez que Jonas se recuperasse e o perdoou. Gradualmente ele recuperou a força e encontrou o caminho para a sua cidade natal, Nínive. Ele ficou agradavelmente surpreso ao ver a mudança que acontecera ali. Toda a população deu-lhe as boas-vindas. Eles contaram a Jonas que haviam se convertido e criam em Alá. Juntos, eles fizeram uma oração de agradecimento pelo seu Senhor Misericordioso.

C    **Jonas na vida dos muçulmanos hoje**

Para muitos muçulmanos hoje, Jonas é visto como uma pessoa com quem eles devem se identificar:

LIÇÃO TRÊS         COMPARTILHANDO VIDAS

a.  Um estudante muçulmano escreveu na internet que se alguém deseja passar em uma prova, deveria ler a oração de Jonas quando estava na baleia.
b.  Em resposta à pergunta de duas jovens muçulmanas, sobre se é permitido fugir de casa, um internauta imame escreveu que fugir de casa é também um tema encontrado no Alcorão, e ele se refere a Jonas: "O profeta Yunus [Jonas] tentou fugir de sua 'casa' (que é o lugar que Deus o chamou para estar). Como castigo, Alá fez com que a baleia engolisse Yunus [Jonas]. Yunus [Jonas] ficou 40 dias no estômago da baleia. Alá o perdoou e Yunus [Jonas] teve uma segunda vida".
c.  No sermão de um imame, Jonas é citado como exemplo de alguém que na profunda escuridão estava disposto a se submeter (que é a palavra para "Islamismo") a Deus.

> **Para discussão:**
> 1.  Ao comparar a narrativa bíblica de Jonas com as encontradas no Alcorão e nas tradições islâmicas, o que você achou de significativo?
> 2.  Como você explica as semelhanças e as diferenças?

## DIVERSOS ASPECTOS DO ISLAMISMO

### 1   O início do Islamismo

Apesar do Islamismo, como uma religião independente, ter tido seu início no século 6 AD, de acordo com os muçulmanos, a origem do Islamismo remonta a um passado mais distante. Em Sura 3:67, lemos: *Não era Abraão judeu ou cristão. Era um homem de fé pura e um submisso [submisso a Alá]. E não era um idólatra.*

A palavra 'Islamismo' significa 'submissão' e um muçulmano é 'aquele que se submete' a Deus. Abraão é considerado o Pai dos Profetas e muitos muçulmanos creem que eles são descendentes de Abraão

| COMPARTILHANDO VIDAS | LIÇÃO TRÊS

através de seu filho, Ismael. Ismael tem um papel importante nas tradições islâmicas.

## 2 A pessoa de Maomé

Maomé nasceu em 571, em Meca (hoje, Arábia Saudita). Seu pai morreu antes do seu nascimento e sua mãe quando ele tinha seis anos. Aos 25 anos, Maomé casou-se com uma viúva chamada Khadija. De acordo com os muçulmanos, quando Maomé tinha 40 anos, ele começou a receber as revelações de Deus (Alá). Ele estava convencido de estar nos passos dos profetas como Moisés, Davi e Jesus e ser o último profeta e, como eles, ter sido escolhido para chamar as pessoas a adorar ao único Deus verdadeiro. O povo de Meca adorava muitos deuses. Maomé os convidou para o Islamismo (submissão a Deus). Muitos o seguiram e se tornaram muçulmanos, enquanto outros o rejeitaram. Gradualmente, o número de seguidores cresceu. Inicialmente, Maomé e seus seguidores encontraram grande oposição do povo de Meca. Após 12 anos (622 AD), Maomé e seus seguidores se mudaram para a cidade de Yathrib (que mais tarde veio a se chamar 'Medina', que significa 'cidade do profeta'). Esta mudança é tão marcante no Islamismo que o calendário islâmico começa a partir desse evento. Em Yathrib, Maomé e seus seguidores foram recebidos com hospitalidade e, em pouco tempo, Maomé se tornou não somente o líder espiritual, mas também o líder político da cidade e fundou o primeiro estado muçulmano. Nos anos que se seguiram, o número de seguidores cresceu rapidamente. Maomé, que é descrito no Alcorão como 'uma bênção para a humanidade' (21:107) e "um bom exemplo para ser seguido' (33:21), morreu em 632 AD, aos 63 anos. Após sua morte, as revelações que ele recebeu foram reunidas em um livro, o Alcorão. Os seus provérbios e exemplos também foram reunidos em uma série de livros chamados Sunnah.

## 3 A expansão do Islamismo

Quando Maomé morreu, em 632 AD, os muçulmanos viviam principalmente na Arábia Saudita, mas nos anos seguintes, o Islamismo se

LIÇÃO TRÊS  COMPARTILHANDO VIDAS

expandiu para o norte (Síria, Jordânia), e para o leste (Irã e Iraque), e para o oeste (Egito, Argélia). Por volta de 750 AD, todo o norte da África e mesmo a Espanha estavam sob a lei islâmica. Por volta de 1500, mais regiões da África e da Ásia tinham se tornado islâmica e a Indonésia também tornou-se parte do mundo islâmico. No século 14, iniciou-se na Turquia o Império Otomano Islâmico. Este Império teve, por muitos séculos, grande influência no Oriente Médio e na Europa Central e contribuiu em grande escala para o estabelecimento do Islamismo na Europa Central e Oriental, a exemplo da Albânia e Bósnia.

Atualmente, o Islamismo é a principal religião em quarenta países do mundo. Os árabes somam mais ou menos 20% de todos os muçulmanos. Encontramos muitos mulçumanos na Indonésia (196 milhões), Paquistão (166 milhões), Bangladesh (150 milhões), Índia (150 milhões), Nigéria (70 milhões), Turquia (70 milhões), e Irã (68 milhões). Na Europa (incluindo a Rússia), há cerca de 50 milhões de muçulmanos.

## 4   Em que creem os muçulmanos?

O ensino da fé islâmica frequentemente tem seis artigos:

1) Alá (Deus)
2) Anjos
3) Os Livros de Deus
4) os profetas
5) O Último Dia
6) Predestinação.

Cinco destes são mencionados em Sura 2:177 ...*A verdadeira virtude é a de quem crê em Deus, no Dia do Juízo Final, nos anjos, no Livro e nos profetas...*

Os três fundamentos da fé islâmica são:

a)  <u>Tawhid</u> – a unicidade de Alá
b)  <u>Risalah</u> – missão profética
c)  <u>Akhirah</u> – vida após a morte

COMPARTILHANDO VIDAS                LIÇÃO TRÊS

a    **Tawhid**

*Tawhid* é a crença islâmica mais importante. Os muçulmanos creem que tudo que existe origina-se de um único Criador, que é o Mantenedor e a única Fonte de Orientação. Essa crença deve governar todos os aspectos da vida humana. O reconhecimento dessa verdade fundamental traz a visão unificada da vida que rejeita qualquer divisão religiosa e secular. Deus (Alá) é a única fonte de poder e autoridade, e deve ser adorado e obedecido. Ele não tem parceiro; *Tawhid* é monoteísmo puro. Alá não nasceu e Ele não tem filho ou filha. Os seres humanos são seus súditos. Ele é o Único. Ele é Eterno. Ele é o Primeiro e o Último e não há nenhum como Ele. Crer no *Tawhid* gera toda uma mudança na vida de um muçulmano. Faz ele se curvar somente para Alá, que vê todas as suas ações. Ele deve batalhar para estabelecer as leis de Alá em todas as áreas de sua vida, a fim de obter Seus prazeres.

b    **Risalah**

*Risalah* significa missão profética ou mensageiro. Os muçulmanos creem que Deus (Alá) não deixou o homem sem direção para a condução de sua vida. Desde a criação do primeiro homem, Alá tem revelado a sua orientação para a humanidade através de seus profetas. Os profetas que receberam os livros de Alá são chamados de mensageiros. Todos os profetas e mensageiros trouxeram a mesma mensagem; eles instaram o povo de seu tempo a obedecer e adorar somente a Alá e a nenhum outro. Sempre que os ensinos de um profeta eram distorcidos pelo povo, Alá enviava outro profeta para trazê-los de volta para o Caminho Reto. A corrente de *Risalah* começa com Adão, incluindo Noé, Abraão, Ismael, Isaque, Ló, Jacó, José, Moisés, Davi e Jesus, e termina com Maomé. Maomé é o último mensageiro de Alá para a humanidade. Os livros de revelações de Alá são: a Torá (Tawrat), os Salmos (Zabur), o Evangelho (Injil) e o Alcorão. O Alcorão, que foi revelado ao Profeta Maomé, é o último livro de Orientação.

c    **Akhirah**

*Akhirah* significa vida após a morte. A crença em *Akhirah* possui um profundo impacto na vida de um muçulmano. Eles creem que todos

LIÇÃO TRÊS    COMPARTILHANDO VIDAS

nós teremos que prestar contas a Alá no dia do juízo, quando seremos julgados de acordo com o modo como vivemos as nossas vidas. Uma pessoa que obedece e adora Alá será recompensada com um lugar de alegria no Paraíso; a pessoa que não o faz, será enviada para o Inferno, um lugar de castigo e sofrimento. Alá conhece cada pensamento e intenção mais íntima; os anjos anotam todas as nossas ações. Se tivermos em mente que seremos julgados pelas nossas ações, faremos tudo para agir de acordo com a vontade de Alá. Os muçulmanos creem que muitos dos problemas de hoje desapareceriam se tivéssemos essa consciência e agíssemos de acordo com ela.

## 5    Obrigações religiosas básicas do Islamismo

O Islamismo têm cinco obrigações, frequentemente chamadas de 'pilares do Islamismo'. Os muçulmanos creem que realizando-as regular, correta e sinceramente, elas transformam a vida de um muçulmano, alinhando-os com as vontades do Criador. A prática fiel dessas obrigações inspira um muçulmano a trabalhar para o estabelecimento da justiça, igualdade e retidão na sociedade, e para a erradicação da injustiça, da falsidade e do mal.

### a    Shahadah

*Shahadah* é a declaração consciente e voluntária de: *La ilaha illallahu Muhammadur rasulullah* – "Não há nenhum outro deus, exceto Alá e Maomé é o Seu Mensageiro".

Esta declaração contém dois conceitos básicos do Tawhid e do Risalah.

É a base de todas as ações do Islamismo; as outras quatro obrigações seguem esta afirmação.

### b    Salah (oração compulsória)

*Salah* é realizada cinco vezes ao dia, seja na congregação ou individualmente. É uma demonstração prática de fé e mantém um muçulmano em constante contato com o seu Criador. De acordo com os muçulmanos, os benefícios de *Salah* são extensos, duradouros e imensuráveis. *Salah* prepara um muçulmano para o estabelecimento de uma ordem verdadeira na sociedade, e da remoção da falsidade, do mal e da indecência. Desenvolve autodisciplina, perseverança e obediência para com a Verdade, resultando em paciência, honestidade e veracidade nas questões da vida.

As cinco orações diárias são: *Fajr*, entre a madrugada e o nascer do sol; *Zuhr*, entre meio-dia e meio da tarde; *'Asr*, entre meio da tarde e pôr do sol; *Maghrib*, logo após o pôr do sol; *Isha*, entre o anoitecer e a madrugada.

Os muçulmanos creem que orar cinco vezes ao dia, *Salah* proporciona uma oportunidade maravilhosa para melhorar a vida. É considerado um sistema de treinamento espiritual, moral e físico, que torna um muçulmano um obediente verdadeiro ao seu Criador.

### c     Zakah (contribuição social)

*Zakah* é um pagamento compulsório da poupança anual de um muçulmano. Literalmente significa purificação e é um pagamento anual de 2,5% do valor do dinheiro, das joias e dos metais preciosos; uma taxa específica se aplica aos animais, colheita e riquezas minerais. *Zakah* não é nem caridade, nem um imposto: caridade é opcional, enquanto os impostos podem ser usados para qualquer uma das necessidades da sociedade. *Zakah*, entretanto, pode somente ser gasto para ajudar o pobre e necessitado, o deficiente, o oprimido, devedores e outros propósitos sociais, tal como definido no Alcorão e no *Sunnah*. *Zakah* é considerado um ato de adoração. É considerado um dos princípios fundamentais da economia islâmica, que garante uma sociedade mais justa, na qual todos têm o direito de contribuir e compartilhar. *Zakah* deve ser pago com a crença confiante de que a nossa riqueza e a nossa propriedade pertencem a Alá e nós simplesmente agimos como administradores.

### d     Sawm (jejum obrigatório)

*Sawm* é o jejum anual obrigatório durante o mês de Ramadã, o nono mês do calendário islâmico. Da madrugada até o pôr do sol de cada

| LIÇÃO TRÊS | COMPARTILHANDO VIDAS |  |

dia, um muçulmano se abstém de comer, beber, fumar e do sexo com o seu cônjuge, buscando apenas o prazer de Alá. De acordo com os muçulmanos, *Sawm* desenvolve os padrões moral e espiritual e os livra do egoísmo, da ganância, da extravagância e outros vícios. *Sawm* é considerado um programa de treinamento anual, que aumenta a determinação de um muçulmano para cumprir suas obrigações para com o Criador e Sustentador.

### e     Hajj (peregrinação à Casa de Alá)

*Hajj* é um evento anual, obrigatório pelo menos uma vez na vida de um muçulmano que tem condições financeiras para fazê-lo. É a viagem à Casa de Alá (Al-Kabah) em Meca, Arábia Saudita, no mês de Dhul Hijjah, o décimo-segundo mês do calendário islâmico. Para os muçulmanos, *Hajj* simboliza a unidade da humanidade; muçulmanos de todas as raças e nacionalidades se juntam em igualdade e humildade para adorar a Deus.

De acordo com os muçulmanos, o peregrino, usando o vestuário ritual de Ihram, tem um sentimento ímpar de estar na presença do seu Criador, a quem ele pertence e para quem ele deve retornar após a morte.

## 6     Fontes de autoridade no Islamismo

As duas fontes de autoridade mais importantes e que definem a fé e prática religiosa dos muçulmanos são o Alcorão e o Sunnah, ao mesmo tempo as diferentes escolas de jurisprudência determinam a fé e a prática dos muçulmanos.

### a     O Alcorão

O Alcorão é o livro sagrado dos Muçulmanos. Eles estão convictos de que este é o último Livro de Orientação dado por Deus (Alá) para Maomé, por meio do anjo Gabriel (Jibra'il). De acordo com os muçulmanos, cada palavra do Alcorão é a Palavra de Alá. Revelado durante um período de 23 anos, na língua árabe, possui 114 capítulos (Suras) e 6000 versos. Os muçulmanos aprendem a recitá-lo em árabe e muitos

COMPARTILHANDO VIDAS        LIÇÃO TRÊS

memorizam o livro todo. Espera-se que eles façam o melhor para entender o Alcorão e pratiquem os seus ensinamentos. Os muçulmanos creem que o Alcorão é incomparável no seu registro e preservação. Seu ensinamento abrange todas as esferas da vida e da vida após a morte. Contém princípios, doutrinas e orientações para cada esfera de atividade humana. O tema do Alcorão consiste em três conceitos fundamentais: Tawhid, Risalah e Akhirah. De acordo com os muçulmanos, o sucesso do ser humano, nesta Terra e na vida futura, depende da crença e obediência aos ensinamentos do Alcorão.

**b    O Sunnah**

O Sunnah refere-se ao exemplo de Maomé, que significa os seus atos, suas palavras e suas aprovações. Ele está contido nos livros de *Hadith*, que são coleções dos seus provérbios e ações aprovadas por ele. Ensina como colocar as orientações do Alcorão em prática. De acordo com os muçulmanos, os Hadith foram cuidadosamente registrados após a morte de Maomé. Seis coleções, em particular, tornaram-se proeminentes e são consideradas as mais autênticas: Bukhari, Muslim, Tirmidhi, Abu Dawud, Nasai e Ibn Majah.

No Hadith pode-se encontrar assuntos tais como: horário e características da oração islâmica, rituais em torno dos festivais, como conduzir os negócios de forma islâmica, assuntos concernentes à herança, testamentos, juramentos e votos, lidando com apóstatas, etc.

**c    Escolas de Jurisprudência**

O Islamismo Sunni reconhece quatro escolas de lei que definem a jurisprudência religiosa. Essas escolas têm os nomes de seus fundadores:
1) Escola Hanifi (principalmente na Turquia, nos Bálcãs, na Ásia Central, na Índia, no Paquistão e em Bangladesh);
2) Escola Maliki (principalmente no Norte da África);
3) Escola Shafi'l (principalmente no Iêmen, no Egito, na Síria, no Sudeste Asiático e na África Oriental);
4) Escola Hanbali (principalmente na Arábia Saudita).

| LIÇÃO TRÊS | COMPARTILHANDO VIDAS |  |

As diferenças entre as escolas não estão nos fundamentos da fé islâmica, mas em julgamentos melhores.

Essas diferenças estão baseadas nas ênfases sobre:

a) O ensino do Alcorão
b) O Sunnah
c) Consenso entre os estudiosos
d) Semelhanças com as situações no tempo de Maomé
e) Senso comum

Shari'a é uma palavra árabe e refere-se 'a estrada para um lugar regado ou poço', que é uma metáfora da salvação. É o código de conduta do Islamismo. A Shari'a é formada de quatro fontes:

a) Os preceitos estabelecidos no Alcorão;
b) O exemplo de Maomé no Sunnah;
c) O consenso dos estudiosos religiosos;
d) A opinião ponderada e fundamentada em uma analogia (isto é, uma comparação com algo semelhante) do Alcorão e do Sun- nah.

Os muçulmanos divergem quanto ao que exatamente ela implica. Os modernistas, os tradicionalistas e os fundamentalistas tem diferentes pontos de vista sobre a Shari'a, assim como os adeptos das diferentes escolas de pensamento islâmico e erudição. Diferentes países e culturas também possuem várias interpretações da Shari'a.

A Shari'a possui, também, normas religiosas e legais. Ela trata de muitos temas abordados pela lei secular, incluindo crime, política e economia, assim como assuntos pessoais tais como sexualidade, higiene, dieta, oração e jejum. O fato de muitos muçulmanos viverem hoje em países não islâmicos, apresenta uma nova situação para a lei islâmica. Entre os estudiosos da comunidade muçulmana na Europa, as discussões estão acontecendo sobre como equilibrar as demandas da Shari'a com os sistemas legais europeus.

COMPARTILHANDO VIDAS — LIÇÃO TRÊS

## 7 Diferentes grupos dentro do Islamismo

O número total de muçulmanos no mundo é de cerca de 1,5 bilhões. Dentro do Islamismo, podemos identificar diversas correntes. Os grupos mais importante são Sunni e Shiitas. Cerca de 80% de todos os muçulmanos são sunnitas. O segundo maior grupo (cerca de 15%) é o dos muçulmanos Shi'a.

Os Shiitas são encontrados principalmente no Irã e no Iraque, mas também em muitos outros países. Uma distinção importante entre o Islamismo Sunni e o Shia é a de que os muçulmanos Shia reconhecem Ali, genro de Maomé, e alguns indivíduos entre os seus descendentes, conhecidos como imames, como os herdeiros legais da liderança religiosa e política no Islamismo. Muitos shiitas creem na infalibilidade do imame, uma encarnação da divindade, que possui conhecimento sobrenatural. Eles esperam o retorno do 12º imame, que desapareceu em 869 AD, para estabelecer o domínio do Islamismo no mundo.

Dentro destas duas divisões principais existem muitas outras seitas e grupos menores no Islamismo, como o Kharijites, o Murji'ites, o Mu'tazilites, o Isma'ili, os Drusos. Alguns desses grupos estão listados abaixo. Outros não são considerados muçulmanos verdadeiros por outros muçulmanos.

### A    Comunidade Muçulmana Ahmadiyya

A Comunidade Muçulmana Ahmadiyya (CMA) é um movimento internacional de reavivamento dinâmico e de rápido crescimento dentro do Islamismo. A CMA foi fundada em 1889 por Mirza Ghulam Ahmad (1835–1908), que afirmava ter recebido revelações divinas e que é considerado o tão aguardado Messias. Ahmad declarava ser a segunda vinda metafórica de Jesus de Nazaré e o guia divino, cujo advento foi predito por Maomé. A CMA crê que Deus enviou Ahmad, como Jesus, para por um fim às guerras religiosas, condenar o derramamento de sangue e reinstalar a moralidade, a justiça e a paz. De acordo com os seus seguidores, Ahmad livrou o Islamismo das crenças e práticas fanáticas defendendo vigorosamente os ensinos verdadeiros e essenciais do Islamismo. A Comunidade Muçulmana Ahmadiyya reconhece os ensinos de Zoroastro, de Abraão, de Moisés, de Jesus, de Krishna, de Buda, de Confúcio, de Lao Tzu e do Guru Nanak, e crê que os seus ensinamentos convergem para o único e verdadeiro Islamismo. A CMA, com a sua sede na Grã-Bretanha, afir- ma ter dezenas de milhões de adeptos em todo mundo.

## B    Baha'is

A comunidade Baha'i foi fundada em 1844, no atual Irã, quando Ali Maomé (chamado 'Baha'u'llah') declarou ser 'O Portão' (Bab). A mensagem principal de Baha'u'llah foi de unidade. Ele ensinou que há somente um Deus, uma só raça humana, e que todas as religiões do mundo representam os estágios da revelação da vontade de Deus e propósito para a humanidade. Os Baha'is creem na união de Deus com a humanidade, na igualdade entre os sexos, na harmonia da religião e a ciência, e na busca independente da verdade. Eles não consideram Maomé o último e maior profeta, mas um entre muitos. Eles não reconhecem o Alcorão como a revelação final, mas como um livro entre muitos, incluindo os escritos de Baha'u'llah. Estima-se que haja 7 milhões de Baha'is em todo mundo. A comunidade Baha'i é frequentemente considerada como apóstata muçulmana e é perseguida em alguns países islâmicos.

## C    Movimento Salafi (Wahhabism)

Salafi é um movimento islâmico Sunni, que tem os antepassados devotos (Salaf), do início do Islamismo, como modelos exemplares. A palavra "Salaf" é um substantivo árabe que pode ser traduzido como "predecessor" ou "ancestral". Na terminologia islâmica, ela é geralmente usada para se referir às três primeiras gerações de muçulmanos. Essas três gerações são consideradas exemplo de como o Islamismo deve ser praticado. O termo Salafismo é usado com frequência alternadamente com "Wahhabismo", por causa de Muhammad ibn Abd-al-Wahhab (1703–1787), considerado o fundador desse movimento, apesar de muitos adeptos afirmarem que o movimento foi fundado pelo próprio profeta Maomé. O movimento Salafi é fundamentado na tradição puritana. Eles interpretam o Alcorão literalmente e rejeitam tudo que não é fundamentado nas fontes originais do Islamismo. O movimento Salafi tem uma influência forte na Arábia Saudita e tenta usar o seu dinheiro para espalhar os seus ensinamentos e a sua influência ao redor do mundo.

### D    Sufismo

O Sufismo é uma corrente mística do Islamismo. Originou-se no começo do Islamismo. Os adeptos são chamados de 'Sufis'. A palavra Sufi é muitas vezes atribuída à palavra árabe 'Suf' (lã), referindo-se tanto para as capas simples que os primeiros ascetas muçulmanos usavam. Outra sugestão é que Sufi vem da palavra árabe 'Safa' (pureza), explicando porque o Sufismo enfatiza a pureza do coração e da alma. Apesar dos Sufis crerem no Alcorão e no Sunnah, eles dão maior ênfase na vida interior, na união mística com Deus do que na obediência exterior das obrigações religiosas. De acordo com o Sufismo, o fundamento da religião é o amor a Deus. Devemos amar a Deus pelo o que Ele é e não por causa de alguma recompensa ou pelo medo da punição ou baseado no medo ou punição. Deus é frequentemente tratado como o Amante Eterno. Muitos Sufis procuram a união mística ou comunicação direta com Deus através da dança e da música, da declamação dos versos do Alcorão e poemas islâmicos, através dos quais eles procuram alcançar um estado de êxtase.

### E    Os Alevis

Cerca de 15 milhões dos muçulmanos são Alevis, são predominantes na Turquia, enquanto grupos menores são encontrados na Síria, Irã e Iraque. É difícil fazer afirmações absolutas sobre suas crenças e práticas, porque há uma grande variedade de crenças entre aqueles que se chamam Alevis. Há muitas semelhanças entre Alevis e os Bektashis dos Balcãs.

Os Alevis são seguidores de Ali (genro de Maomé) e creem que ele é o sucessor de Maomé. Muitos Alevis equiparam Maomé e Ali, e usam

LIÇÃO TRÊS  COMPARTILHANDO VIDAS

um único nome de Maomé Ali para esta personalidade. Alguns dizem que Alevismo é uma mistura dos melhores elementos do Islamismo, Cristianismo, Judaísmo, Maniqueísmo, Zoroastrismo, Xamanismo e humanismo do século 20. Quase todos Alevis negam que Deus é aquele que recompensará a todos que seguirem suas leis na terra com prazeres eternos no céu.

Os Alevis interpretam o Alcorão esotérica, interior ou misticamente. Para eles, existem verdades espirituais muito mais profundas no Alcorão do que as regras e regulamentos superficiais. Além dos livros, talvez a fonte mais importante das crenças e pensamentos do Alevi são os poemas místicos e músicas passadas de geração a geração, muitos não foram registrados por escrito. Estes poemas e músicas fazem parte dos cultos de adoração, nos quais eles procuram entrar em um relacionamento mais profundo com o líder espiritual do culto e com Deus. O culto consiste, principalmente, das orações do líder, de breves mensagens religiosas, solo de cânticos e liderando os cânticos da congregação. Outro elemento chave é o círculo da dança ritual realizado por grupos, de vários tamanhos, com homens e mulheres escolhidos. O culto é inteiramente na língua turca, inclusive as orações e os cânticos.

Os Alevis não aceitam a ideia de um Deus mal humorado julgando o homem baseado em como ele exerceu os seus deveres religiosos durante a sua vida na terra. Os Alevis tendem a não praticar as orações cinco vezes por dia, nem o mês de jejum durante o Ramadã. Em vez disso, eles guardam 12 dias de jejum durante o primeiro mês do calendário muçulmano. Visitar Meca não é uma prática dos Alevis. Entretanto, a visita e a oração aos túmulos dos santos de Alevi- Bektashi é muito comum. As mulheres Alevis cultuam com os homens e estão livres para usar roupas modernas.

**F    Islamismo Sincrético**

Apesar de não ser realmente uma corrente dentro do Islamismo, não podemos ignorar a importância do chamado Islamismo Sincrético. Na vida diária de muitos muçulmanos, a convicção ortodóxa anda de mãos dadas com práticas que provavelmente encontram a sua origem nos tempos pré-islâmicos. Tais práticas envolvem costumes a respeito do nascimento, da puberdade, do casamento, dos funerais etc. As práticas também estão relacionadas com a proteção contra infortúnio (os muçulmanos, muitas vezes, referem-se ao chamado "mau olhado"). Quando uma mulher é estéril, algumas vezes ela busca ajuda dos santos intercessores muçulmanos que morreram. Também os sonhos, as previsões, as bênçãos e as maldições têm um papel importante na vida diária de muitos muçulmanos tradicionais.

## 8     Cultura e Costumes Islâmicos

Quando queremos desenvolver um bom relacionamento com os muçulmanos é importante conhecer alguns elementos da cultura e costumes islâmicos. Claro que não é possível descrever, resumidamente, a cultura e os costumes de todos os muçulmanos em nosso país. Há muitas diferenças, por isso é importante que aprendamos a cultura e costumes do nosso amigo muçulmano por meio do diálogo com ele. Abaixo, alguns costumes seguidos por muitos muçulmanos.

### A     O Calendário Islâmico

O calendário islâmico começa com o ano 622 AD. O ano islâmico compreende 12 meses lunares. O ano lunar é cerca de 11 dias mais curto do que o ano solar. As datas exatas dos festivais (também do mês do jejum – Ramadã) podem ser estabelecidas no último momento, porque depende do aparecimento da lua. Por exemplo: o ano de 2014 AD é o ano 1435–1436 AH (Anno Hijrah, o ano em que Maomé fugiu de Meca para Medina).

### B     Festivais Islâmicos

Os muçulmanos dizem que os festivais são para agradar a Deus (Alá) e não para o prazer pessoal. Entretanto, são ocasiões de alegria e felicidade. Os dois grandes festivais do Islamismo são o *'Id ul Fitr* e o *'Id ul Adha*.

O *'Id ul Fitr* acontece no primeiro dia após o Ramadã. Neste dia, após o mês de jejum, os muçulmanos fazem oração congregacional, de preferência em local aberto. Eles expressam a sua gratidão a Alá por permitir que observassem o jejum. Uma comida especial é preparada. É costume visitar os amigos e parentes e fazer com que a ocasião seja especial para as crianças.

*'Id ul Adha* começa no 10o dia do mês de Dhul Hijjah e vai até o 13o dia. Esta celebração comemora a disposição de Abraão quando lhe foi pedido que sacrificasse o seu próprio filho, Ismael. Abraão demonstrou prontidão e Alá ficou satisfeito. Sob as ordens de Alá, um carneiro foi sacrificado em vez de Ismael. Os muçulmanos fazem oração congregacional naquele dia e sacrificam animais, como ovelha, cabrito, vacas e camelos. A carne dos animais sacrificados é compartilhada com os parentes, os vizinhos e os pobres.

Outras celebrações incluem *o Hijrah* (migração do Profeta), o *Lailatul Miraj* (Noite da Ascensão) e as datas das batalhas islâmicas. Existe uma noite especial chamada *Lailatul Qadr* (Noite do Poder), uma noite impar nos últimos 10 dias do Ramadã. O Alcorão diz que é "melhor do que mil meses". Os muçulmanos usam esta noite para orar e recitar o Alcorão.

## C    Dieta

Os muçulmanos são encorajados pelo Alcorão a comer o que é bom e saudável para eles e são proibidos de comer certos alimentos. Não é permitido a um muçulmano comer: a) porcos; b) animais não abatidos em nome de Alá; c) sangue de animais; d) animais carnívoros.

Peixe e vegetais são permitidos. A lei islâmica requer que os animais sejam abatidos humanamente, com uma faca afiada penetrando a parte interior do pescoço, para permitir ao máximo a drenagem do sangue. O nome de Alá deve ser pronunciado no momento do abate. Toda bebida alcoólica é proibida.

COMPARTILHANDO VIDAS — LIÇÃO TRÊS

### D   Vestuário

Os muçulmanos são encorajados a se vestirem modesta e decentemente. Não há uma exigência de vestuário em particular, o que se recomenda é:

- Para os homens, que cubra, pelo menos, do umbigo até os joelhos;
- Para as mulheres, que cubra o corpo todo exceto a face e as mãos. De acordo com alguns estudiosos, as mulheres acima da idade da puberdade devem cobrir o rosto quando saem ou encontram estrangeiros;
- Homens e mulheres não devem se vestir de uma maneira que desperte desejos sexuais, como roupas transparentes e justas ou vestidos que deixem as mulheres seminuas
- Não é permitido aos homens usarem seda pura ou ouro,
- Não podem usar roupas de mulheres e vice-versa;
- Roupas simbólicas de outras religiões não são permitidas;
- Encoraja-se a simplicidade e a modéstia. Vestuário que expressa arrogância são desprezados. O estilo depende dos costumes locais e do clima.

> **Para discussão:**
> 1. Existem algumas coisas que os cristãos podem aprender com os muçulmanos?
>    Se sim, quais?
> 2. Mencione diversas semelhanças e diferenças entre os muçulmanos e os cristãos.

## 9   Os principais problemas que os muçulmanos têm com os cristãos e com a fé cristã

Quando os cristãos começam a se relacionar com os muçulmanos, eles descobrem que há diversas coisas que os muçulmanos acham difíceis de entender ou aceitar sobre os cristãos e a fé cristã. Podemos resumi-las em três categorias:

LIÇÃO TRÊS    COMPARTILHANDO VIDAS

a)  nossa fé
b)  nossa história
c)  nossa moral

*a    Nossa fé*

Os muçulmanos não entendem nossa concepção da Trindade e estão convencidos de que os cristãos creem em três deuses. Como vimos anteriormente, os muçulmanos enfatizam firmemente a unicidade de Deus e consideram qualquer violação desse conceito uma ofensa muito séria.

Apesar dos muçulmanos terem um grande respeito por Jesus e O reconhecerem como um importante profeta, eles não entendem como os cristãos podem falar de Jesus como o Filho de Deus. Eles acham que quando os cristãos fazem essa afirmação, creem que Deus, o Pai, teve um relacionamento sexual com Maria e que o resultado foi o nascimento de Jesus. Esta ideia é muito ofensiva para um muçulmano.

Porque Deus é poderoso e Jesus um de seus profetas que Ele enviou ao mundo, os muçulmanos não podem entender como Deus permitiu que Jesus fosse tratado de forma tão infame, morto e crucificado. O Alcorão afirma que Deus levou Jesus para o céu, pouco antes do povo tentar crucificá-lo, e que Deus tinha uma outra pessoa que tomou a aparência de Jesus e foi então crucificada.

Muitos muçulmanos não entendem como os cristãos creem na infalibilidade da Bíblia e ao mesmo tempo usam diversas traduções e não podem dar uma boa explicação para algumas aparentes contradições bíblicas.

*b    Nossa história*

Na Idade Média, exércitos cristãos foram para a Terra Santa para limpá-la das influências não cristãs. Ao fazerem isso, eles mataram milhares de pessoas (incluindo muitos muçulmanos). Às vezes, os muçulmanos consideram essas Cruzadas como a versão cristã da 'jihad' (guerra santa).

**COMPARTILHANDO VIDAS**    **LIÇÃO TRÊS**

Do século 17 até o século 20, diversos países cristãos (Espanha, Portugal, Inglaterra, França e a Holanda) foram poderes coloniais que dominaram partes do mundo (onde muitos muçulmanos viveram), usando a violência, o roubo, as mentiras e a exploração.

Os muçulmanos frequentemente não entendem porque muitos cristãos apoiam incondicionalmente Israel, que muitas vezes usa de violência para atingir os seus objetivos.

Muitos muçulmanos creem que o mundo ocidental (que frequentemente é usado como sinônimo para Cristianismo), repetidamente se comporta como se fosse cultural, político e economicamente superior ao resto do mundo, e carece de boa vontade para aprender da riqueza de outras culturas e países.

c    *Nossa Moral*

Enquanto, aos olhos de muitos muçulmanos, o mundo ocidental se comporta como policial que tenta fazer com que o resto do mundo cumpra as suas leis, ele parece cego para a decadência moral que acontece em suas sociedades, como a aceitação da homossexualidade, a legalização das drogas e prostituição, a prática do aborto e da eutanásia, a escalada da violência doméstica, a alta porcentagem de divórcio e a propagação da imoralidade através dos filmes e turismo.

**Para discussão:**
1. Qual é a sua primeira reação à maneira como os muçulmanos veem os cristãos e o Cristianismo?
2. Qual a nossa resposta a estas questões?

**TAREFA**
Escreva pelo menos duas perguntas que você gostaria de fazer aos muçulmanos que irá encontrar na mesquita na próxima etapa do curso.

LIÇÃO QUATRO   COMPARTILHANDO VIDAS

## LIÇÃO QUATRO:
## ENCONTRO COM OS MUÇULMANOS

*Objetivo: encontrar com os muçulmanos e perguntar sobre a sua fé e prática*

Após estudarmos as nossas atitudes a respeito do Islamismo e dos muçulmanos e aprendemos alguns pontos importantes de sua fé e vida, é o momento de encontrarmos e interagirmos com eles sobre a fé que professam. Aprendemos que uma das características de uma atitude da graça é ver o Islamismo através dos olhos dos muçulmanos e evitar esteriótipos.

A melhor maneira de aprendermos sobre o que os muçulmanos creem, pensam e fazem é perguntar diretamente a eles. De acordo com a nossa experiência, os muçulmanos estão mais do que desejosos de encontrar com os cristãos e conversar sobre a sua fé e também ouvir sobre a fé dos cristãos. Entretanto, nós gostaríamos de usar a lição quatro para visitar a mesquita local e interagir com os muçulmanos.

Ao visitar a mesquita, lembre-se do seguinte:

1. Use roupas modestas e conservadoras e que exponha o mínimo de seu corpo (nada de shorts ou camisas sem mangas tanto para o homem quanto para a mulher). As mulheres deverão usar um vestido ou uma blusa (preferivelmente de manga até o cotovelo ou longa) e saia (pelo menos até os joelhos), e um véu. Os homens devem usar calça e uma camisa de manga. Amiúde, pede-se às mulheres que cubram a cabeça enquanto estiverem na mesquita. Você pode levar um xale caso contrário, será providenciando um.

2. É comum o pedido para você tirar os seus sapatos quando entrar na mesquita.

3. Prepare de antemão algumas perguntas que você gostaria de fazer.

COMPARTILHANDO VIDAS      LIÇÃO QUATRO

4. Seja cortês e respeitoso todo tempo, mesmo quando você ouvir ou vir coisas com as quais discorda totalmente ou quando alguém tenta convertê-lo ao Islamismo. É muito provável que o seu anfitrião apresente a verdade de um modo bastante otimista, mas entenda que você também faria o mesmo se um grupo de muçulmanos visitasse a sua igreja.

5. Quando perguntarem a você sobre a fé cristã, tente responder da forma mais pessoal possível. Ao invés de dizer "A oração é muito importante no Cristianismo", você pode explicar como é sua oração diária.

6. O objetivo desta visita não é para converter o seu anfitrião muçulmano, mas para aprender com ele. Quando você tiver a oportunidade de compartilhar respeitosamente a sua fé no Senhor Jesus Cristo, aproveite e faça-o.

### Exercícios após a visita à mesquita

1. O que você mais aprendeu em sua visita à mesquita?
2. Leia Atos 10 e reflita sobre o relacionamento entre Cornélio e Pedro. Compare a atitude de Cornélio com a atitude dos muçulmanos que você encontrou:
    a. Você acha que Deus ouve as orações desses muçulmanos? O que você acha que acontece quando eles oram?
    b. Pedro aprendeu uma importante lição com Cornélio. O que você aprendeu com os muçulmanos que encontrou?
    c. O que você mais admira da fé dos muçulmanos?
    d. Para Cornélio, uma visão foi suficiente para que ele começasse a agir. Pedro, porém, precisou de três. Você tem visto outros exemplos nos quais os cristãos são menos receptivos ao que Deus tem para dizer do que as pessoas que não são da igreja?

LIÇÃO CINCO      COMPARTILHANDO VIDAS   

## LIÇÃO CINCO:
## CONSTRUINDO RELACIONAMENTOS DURADOUROS

*Objetivo: aprender a ser testemunhas relacionais e a compartilhar nossas vidas com os muçulmanos*

> **Parte Prática:**
> **Discuta sobre a visita à mesquita e a tarefa realizada após a vi- sita.**

Após olharmos para as nossas atitudes a respeito do Islamismo e dos muçulmanos, aprendemos alguns pontos importantes de sua fé e de suas vidas e tivemos a oportunidade de encontrá-los, agora, veremos como compartilhar as nossas vidas com eles e, nesse contexto, falar com eles sobre a nossa fé em Jesus Cristo. Este é o assunto de nossa quinta e última lição.

**A     A encarnação de Jesus: um modelo para nós**

Em João 1:14, lemos que a Palavra tornou-se carne e viveu entre nós. Isto se refere à encarnação de Jesus, que é o modelo, por excelência, do ministério dos cristãos neste mundo. Nós devemos seguir o exemplo de Jesus. Ele adotou a identidade de servo e tornou-se parte de uma comunidade (Filipenses 2:5-8). O apóstolo Paulo, em 1 Cor. 9:19-23, diz que ele estava disposto a tornar-se um escravo para to- dos, para ganhar o maior número possível.

Sobre o seu ministério em Tessalônica, ele escreve:

*Sentindo, assim, tanta afeição por vocês, decidimos dar-lhes não somente o evangelho de Deus, mas também a nossa própria vida, porque vocês se tornaram muito amados por nós (1 Ts 2:8).*

Este versículo reflete a maneira pela qual Paulo ministrou na cidade de Tessalônica. Ele e a sua equipe tinham um amor genuíno pelo povo com o qual eles compartilharam o Evangelho. Eles não apenas entregaram a mensagem, mas deram a si próprios.

COMPARTILHANDO VIDAS  LIÇÃO CINCO

*O verdadeiro missionário não é alguém especialista em entregar a mensagem, mas alguém cujo ser, ao estar totalmente comprometido com a mensagem que lhe é exigida, a comunica aos seus ouvintes.*[17]

Nesta carta, Paulo menciona cinco vezes 'vocês sabem', referindo-se ao fato de que o povo de Tessalônica observou a sua vida de perto.

Nós precisamos integrar a proclamação com a encarnação. Um conceito importante na Bíblia é o reino de Deus. O plano mestre de redenção de Deus é que Ele possa ser glorificado pela união de todas as coisas debaixo de Cristo, e isto inclui não somente a reconciliação das pessoas com Deus, mas a reconciliação de todas as coisas, celestiais ou terrenas (Ef 1:10). Esta reconciliação encontra o seu cumprimento final no futuro reino de Deus, mas vislumbres deste reino futuro podem ser visto no presente. A igreja não é somente para proclamar o Evangelho do Reino (Mt 24:14), mas também para exibir a vida do Reino (Mt 5-7) e realizar as obras do Reino.

Quando aplicamos os princípios acima no relacionamento com os muçulmanos, podemos aprender cinco coisas:

a    Evangelismo é acima de tudo um estilo de vida e não uma atividade; não é algo que fazemos, mas o que nós somos.

b    A comunicação verbal do Evangelho precisa estar integrada na vida de uma pessoa e precisa estar vinculada às necessidades sociais, que é o resultado do relacionamento quebrado com o Senhor.

c    A vida de um crente precisa estar em concordância com a Sua mensagem.

d    Para que os muçulmanos tenham um entendimento correto de Jesus Cristo e da fé bíblica, eles precisam ver uma expressão disso na vida das pessoas que eles conhecem e em quem confiam.

---

[17] Ernest Best, Black's New Testament Commentaries, ed., A Commentary of the First and Second Epistles to the Thessalonians (Peabody, Massachusetts: Hendrickson Publishers, 1993), p. 102-103.

LIÇÃO CINCO    COMPARTILHANDO VIDAS

e   Para que os cristãos encarnem corretamente a verdade do Evangelho na vida dos muçulmanos, precisam ter uma compreensão acurada desse grupo no contexto de um relacionamento de amor e confiança.

Isto significa que é preciso haver uma proximidade entre os cristãos e os muçulmanos.

> **Para discussão:**
> a   O que aconteceria se cada muçulmano em seu país tivesse pelo menos um amigo cristão?
> b   O que significa ser uma testemunha encarnacional ou relacional?

*O que nos faz diferentes não é simplesmente no que nós cremos, mas como as nossas crenças motivam e afetam o nosso comportamento. O que nos faz diferentes é como a nossa fé transforma a maneira em que vivemos... A não ser... que aprendamos a demonstrar um relacionamento dinâmico e transformador entre a nossa crença e nosso comportamento, não estamos em uma posição melhor do que qualquer outra fé.*[18]

Apesar da teologia da fé cristã ser diferente da teologia do Islamismo, a grande maioria dos muçulmanos somente conhecerá esta diferença quando ela afetar a nossa maneira de viver.

Nós vimos no começo deste curso que a teologia de Jonas não afetou o seu modo de vida. Ele foi capaz de discutir sobre o conceito da graça e perdão com o povo de Nínive, mas não estava disposto a mostrar esta graça para eles através de sua vida.

Apenas discutir as nossas crenças, raramente convence as pessoas dessas verdades, mas faz a diferença vê-las na prática.

---

[18] Richard Sudworth, Distinctly Welcoming, (NSW Australia: Scripture Union Australia, 2007), p. 48.

COMPARTILHANDO VIDAS — LIÇÃO CINCO

A maior parte das vezes, Jesus não discutiu com os governantes do seu tempo sobre a validade do reino de Deus. Em suas andanças, demonstrou o reino de Deus e explicou como entendê-lo e vivê-lo. Nós devemos fazer o mesmo.

Testemunha encarnacional ou relacional é também a que se refere o evangelismo da amizade. É uma abordagem relacional ou pessoal: principalmente construir um relacionamento um a um (ou com uma família) e não com um grupo. Testemunhar a nossa fé para com os muçulmanos deveria estar idealmente associada a um relacionamento de amor, confiança e respeito. Leva tempo para desenvolver tal relacionamento e vai muito além de uma única discussão com um estranho sobre a fé cristã e o Islamismo. Entre outras, significa fazer coisas juntos, gastar tempo juntos, desenvolver interesse na vida um do outro, compartilhar alegrias e tristezas tornando-se bons amigos no sentido real da palavra.

Isto significa compartilhar a vida e não somente compartilhar o Evangelho.

A nossa preocupação e o nosso cuidado genuínos nos dão muitas oportunidades de compartilhar verdades bíblicas. Não de uma forma abstrata, sem ligação relacional, mas como parte da nossa vida diária. Você viverá a sua fé em seu cotidiano diante de seus amigos muçulmanos, tanto em palavras quanto em ações. Haverá oportunidades nas conversas por meio das quais poderá expressar verdades cristãs, orar com ou pelo seu amigo. Além disso, eles verão você praticando sua fé (jejuando, celebrando o Natal, ou no modo como você lida com conflitos, com dinheiro, como se relaciona com a sua família, etc).

Os nossos amigos muçulmanos observarão a obra de salvação e o poder de Jesus em nossa vida diária. Muitos muçulmanos chegam a realmente valorizar o Evangelho e a querer o Senhor após ver a fé cristã vivida no cotidiano de lutas de verdadeiros cristãos, servindo abertamente, humildemente, fielmente, ao lado deles em suas comunidades.

LIÇÃO CINCO — COMPARTILHANDO VIDAS

Algumas vezes, confrontos podem ocorrer quando surgem questões difíceis, mas como amigos nós saberemos discordar de forma adequada.

Ser uma testemunha encarnacional pode custar caro e ser doloroso, como se vê também na vida de sofrimento e mesmo morte de Jesus.

O número de vezes que vocês irão compartilhar o Evangelho não pode ser programado, mas é claro que em nossa preocupação com as pessoas que não ouviram sobre Cristo, você pedirá a Deus que o ajude saber quando falar, quando ouvir, e como estar sensível às necessidades e crenças do seu amigo. Você também aprenderá a tornar-se mais franco sobre a sua própria fé e mais específico em mostrar como Deus se relaciona com as escolhas que você faz, as respostas que você dá, etc.

Lemos na Bíblia que André trouxe o seu irmão, Pedro, para encontrar-se com Jesus; Filipe trouxe o seu amigo Natanael. Muitas vezes, evangelismo é descrito como trazer nossos amigos para encontrar o nosso melhor Amigo, Jesus. Como testemunha relacional, nós queremos que os nossos amigos muçulmanos encontrem Jesus, nosso melhor Amigo, para que eles se ajoelhem diante do Seu Senhorio e O tenham como amigo.

**Para discussão:**
1. "Discutir somente doutrinas, raramente convence as pessoas acerca da validade que elas têm. Vê-las em ação é o que faz a diferença".
   Explique porque você concorda ou discorda desta afirmação.
2. Em 1 Coríntios 9:19-23, Paulo diz que ele se fez escravo de todos, para ganhar "o maior número possível" de pessoas. Como aplicar este princípio ao nosso relacionamento com os muçulmanos?

**COMPARTILHANDO VIDAS**     LIÇÃO CINCO

**B    Maneiras práticas de se relacionar naturalmente com os muçulmanos**

Na época de Jesus, os judeus e os samaritanos viviam no mesmo país, mas lemos que "os judeus não se dão bem com os samaritanos" (Jo 4:9). Podemos dizer o mesmo sobre os muçulmanos e os cristãos em nosso país, nossa cidade ou nossa rua. Talvez este curso o tenha encorajado a começar a compartilhar a sua vida com um muçulmano. Porém, a sua pergunta pode ser: como e quando devo começar?

Portanto, nós gostaríamos de dar algumas sugestões práticas em como iniciar a construção de um relacionamento:

1. Oferecer-se como voluntário na comunidade local ou no centro de refugiados e imigrantes.
2. Entre em contato com uma mesquita ou centro islâmico para uma reunião a fim de conhecê-los; pergunte se há alguma coisa que você pode fazer por eles ou se há alguma atividade que você ou a sua igreja possa fazer junto com eles. Você pode também convidá-los para uma reunião em sua igreja.
3. Organize uma noite de festa com os seus vizinhos muçulmanos com comida, roupa e música das diferentes culturas para que se possa conhecer melhor a cultura um do outro.
4. Solicite aos muçulmanos em sua vizinhança que façam pedidos específicos de oração e comece a orar por eles.
5. Aprenda as saudações e expressões básicas (em árabe, turco ou qualquer outra língua falada pelos muçulmanos de sua cidade) e comece a cumprimentá-los na rua.
6. Perto da páscoa ou natal, prepare presentes especiais para dar para os muçulmanos de sua vizinhança para celebrar esta festa com eles.
7. Use o comércio deles (ex.: compre em uma padaria marroquina ou em um armazém turco, ou vá a uma cabeleireira islâmica) e comece a conversar com as pessoas.
8. Descubra as necessidades sociais específicas existentes entre os muçulmanos de sua vizinhança e ofereça cursos/aulas para aten-

der tais necessidades (aulas de idiomas, atividades esportivas, reforço escolar, aulas de corte e costura ou de computação, etc.).

9   Participe de atividades voltadas para os imigrantes muçulmanos em sua cidade.

10  Sente-se próximo a eles no ônibus ou metrô e inicie uma conversa.

11  Encontre meios para colaborar com eles em projetos comunitários.

12  Encontre maneiras práticas para ajudar os seus vizinhos muçulmanos.

13  Visite websites islâmicos ou salas de bate-papo para conversar com eles.

14  Junte-se a eles quando estiverem sentados no parque.

Esta não é uma lista final, mas somente um exemplo ao qual muitos outros poderão ser adicionados. A ideia central é encontrar meios de se relacionar naturalmente com os muçulmanos na sua cidade, na rua, no prédio de apartamento, etc.

**C   O que pode e o que não pode fazer no relacionamento com os muçulmanos**

Como destacamos anteriormente, o testemunho cristão mais eficaz surge naturalmente de situações quando cristãos e muçulmanos se encontram. É impossível saber de antemão o que fazer, o que dizer, como responder e se comportar em cada situação. Contudo, podemos dar algumas orientações:

i   Esteja ciente das diferenças entre os sexos (por exemplo: pode ser inapropriado cumprimentar uma mulher com um aperto de mãos ou visitar uma casa quando a mulher está sozinha).

ii  Use a sua Bíblia com respeito (não sublinhe, não coloque adesivos, não a coloque no chão).

iii Jamais ofereça carne de porco ou bebida alcoólica a seu amigo muçulmano. Os muçulmanos devotos comem somente a carne que é halal (abatida de acordo com o ritual próprio e invocando o nome de Alá).

**COMPARTILHANDO VIDAS**     **LIÇÃO CINCO**

iv    Ore regularmente pelo(s) seu(s) amigo(s) muçulmano(s). Se você quiser, pergunte a eles por um pedido de oração específico.

v    Esteja preparado para falar sobre qualquer coisa (não somente assuntos religiosos) e esteja aberto sobre a sua fé; relacione a sua fé à sua vida diária.

vi    Não ataque o Islamismo, as práticas islâmicas nem Maomé. Cuidado ao criticar o Islamismo. Jesus ensina que não devemos reparar no cisco no olho de alguém e não prestamos a atenção na viga em nosso próprio olho (Mt 7:1-5).

vii    Não inicie uma discussão (considere a admoestação de Paulo em 2 Tm 2:23,24 sobre argumentos tolos e inúteis).

viii    Quando em desacordo, não insista no assunto, deixe a porta aberta para a próxima visita/oportunidade/conversa.

ix    Faça tudo para acabar com os desentendimentos quanto à fé cristã e esteja preparado para admitir os erros e crimes dos cristãos no passado e no presente.

x    Use histórias, exemplos e o seu próprio testemunho (não somente como você chegou à fé, mas também como o Senhor respondeu às suas orações, dando-lhe conforto através de um versículo, ou guiando-o recentemente, etc.) para explicar a verdade bíblica. Melhor dizer: "Eu creio que..." ou "Estou convicto de que..." ou "Eu creio que a Bíblia ensina que...", em vez do mais genérico: "A Bíblia ensina que..." ou o "Cristianismo crê que...".

xi    Viva e fale. A parte mais difícil e mais significativa do evangelismo é a de ser um exemplo e uma ilustração da mensagem verbal que nós compartilhamos.

xii    Seja você mesmo. Esta é a atitude correta em um relacionamento duradouro.

**D    Um modelo de reunião**

*Depois de três dias o encontraram no templo, <u>sentado entre</u> os mestres, <u>ouvindo-os</u> e <u>fazendo-lhes perguntas</u>. Todos os que o ouviam fi-*

LIÇÃO CINCO  COMPARTILHANDO VIDAS

*cavam maravilhados com o seu <u>entendimento</u> e com as suas <u>respostas</u> (Lc 2:46,47).*

Nós somos chamados para ser como Cristo em nossos relacionamentos. Os versículos acima são do relato de Lucas sobre Jesus no templo aos 12 anos de idade. Colin Chapman, em seu livro The Cross and the Crescent (A Cruz e o Crescente, tradução livre)[19], vê esse episódio como um bom modelo de um encontro genuíno com os muçulmanos. O autor aponta cinco detalhes:

### Convivendo com eles
Jesus sentou-se com os mestres. Como os cristãos podem estar entre os muçulmanos? Visitando-os em seus lares, gastando tempo com eles socialmente, visitando uma mesquita, um centro islâmico de jovens ou grupo de estudantes, etc. Temos que procurar maneiras de nos relacionarmos naturalmente. O quanto conhecemos sobre a comunidade a que pertencem ou sobre a sua história e cultura? Você sabe o que é estar no lugar deles? Estou consciente de como eles reagem à minha pessoa?

### Ouvindo-os
Jesus ouviu os mestres. Como os cristãos podem aprender a ouvir os muçulmanos? Podem fazê-lo tendo um desejo sincero de aprender o que eles pensam; dando total atenção à maneira como expressam a sua fé, em vez de somente prestar atenção ao que está sendo falado sobre eles na mídia. Isto significa que nós aprendemos sobre o seu mundo, o seu "background"; e aprendemos a nos colocar no lugar deles e somos capazes de ver o mundo através dos seus olhos. Significa que aprendemos a ouvir com os nossos corações e não somente com nossos ouvidos. A Bíblia deixa claro que "a pessoa que sabe ouvir, testificará" (Pv 21:28).

### Fazendo-lhes perguntas
Jesus fez perguntas. Quando passamos pelas duas primeiras etapas, estaremos em melhor condição para fazer perguntas sem que os mu-

---

[19] Colin Chapman, Cross and Crescent: responding to the Challenge of Islam (Downeers Grove, IL, U.S.A.:IVP Books, 2007), p. 24-25.

COMPARTILHANDO VIDAS            LIÇÃO CINCO

çulmanos as considerem uma ameaça. Podemos começar com questões básicas, seria mais uma sondagem, perguntando delicada- mente sobre algumas de suas crenças e declarações. Não faremos perguntas para embaraçar o nosso amigo muçulmano, mas para realmente estabelecer uma conversa.

### Entendimento
Os mestres viram que Jesus os entendia. As respostas às nossas perguntas nos levaram a um melhor entendimento do Islamismo na vida do nosso amigo muçulmano, e não como lemos em um livro. O entendimento também nos capacita a discernir os assuntos mais importantes e não nos desviarmos com discussões infrutíferas.

### Respostas
Jesus respondeu as perguntas dos mestres. Quando os muçulmanos veem que realmente nós os entendemos, eles provavelmente começarão a perguntar sobre a nossa fé. Uma vez que alcançamos essa etapa de sermos capazes de responder quaisquer perguntas, então responderemos as questões genuínas nas mentes dos muçulmanos, e não apenas aquelas que achamos que eles devem estar se perguntando. É nesta fase, que ganhamos o direito de falar.

> **Parte prática:**
> Peça ao Senhor para colocá-lo em contato com pelo menos um muçulmano com quem você possa começar a construir um relacionamento relevante, a fim de ser testemunha de Deus na vida dele.

### Conclusão

O curso "Compartilhando Vidas" terminou. Para mais perguntas, informações adicionais e próximos passos, entre em contato com: info@sharinglives.eu

Livros, DVDs e endereços para informações adicionais, consulte o apêndice abaixo o website: www.sharinglives.eu.

# APÊNDICE

Recursos para aqueles que querem aprender mais[20]

*Inside Islam*
**(Por dentro do Islamismo, tradução livre) (DVD)**

"Inside Islam" é o documentário de 2002 que oferece uma boa introdução ao Islamismo. Os tópicos do Islamismo incluem a ligação com o Judaísmo e Cristianismo, a vida de Maomé, os Cinco Pilares do Islamismo (a profissão de fé, a oração, a caridade, o jejum durante o Ramadã e a peregrinação a Meca), e a história do Islamismo, as mulheres no Islamismo, o colonialismo europeu, o Islamismo, a Nação do Islamismo, e a jihad.

*Cross and Crescent: responding to the challenge of Islam*
**(A Cruz e o Crescente: respondendo ao desafio islâmico, tradução livre)**
Colin Chapman

Desafiando-nos a examinar as nossas próprias atitudes, Colin Chapman considera as questões envolvidas no compromisso cristão com os muçulmanos e o Islamismo. Ele explora, em última instância, como os cristãos podem efetivamente dar testemunho de Jesus. O livro inclui material sobre 'Terrorismo Islâmico', 'O que é Islamismo?', 'A Visão do Alcorão sobre os Cristãos' e 'Explicando as Crenças Cristãs sobre Jesus'. O livro fornecerá aos cristãos uma melhor compreensão dos muçulmanos e do Islamismo em um mundo em rápida transição.

---

[20] Ao recomendar estes materiais, não significa que concordamos com todo o seu conteúdo.

COMPARTILHANDO VIDAS　　　　　　　APÊNDICE

*Grace for Muslims? The Journey from fear to faith*
**(Graça para os muçulmanos? A jornada do medo à fé, tradução livre)**
Steve Bell

Por que uma religião 'essencialmente benigna tornou-se 'demoníaca'? – perguntou um jornalista muçulmano. Essa pergunta está no centro do debate islâmico. Alegações alarmistas são feitas sobre este 'demônio', enquanto a possibilidade de um Islamismo pacífico é indeferida. Muitos estão confusos sobre as questões contraditórias da religião. É possível para os cristãos se relacionarem com os muçulmanos sem ser politicamente ingênuos ou teologicamente liberais? Steve acredita que sim. Ele compartilha sua própria jornada e reflete sobre como chegou ao componente crucial: a graça.

*Encountering the world of Islam*
**(Encontro com o mundo do Islamismo, tradução livre)**
Keith Swartley (editor)

"Encountering the world of Islam" é um livro didático que inclui artigos de oitenta autores que viveram por toda parte do mundo islâmico. Esse livro o orienta em sua viagem sobre a vida dos muçulmanos ao redor do mundo e em sua vizinhança. Através dessa coleção completa, você aprenderá sobre Maomé e a história do Islamismo, ganhará compreensão sobre os conflitos atuais, e dissipará o medo e os mitos ocidentais. "Encountering the world of Islam" oferece uma perspectiva positiva, equilibrada e bíblica sobre o coração de Deus para com os muçulmanos e o equipa a alcançá-lo no amor de Cristo.

*The Crescent through the Eyes of the Cross*
**(O Crescente através dos Olhos da Cruz, tradução livre)**
Nabeel T. Jabbour

Neste livro, o autor, um cristão árabe, deseja ajudar os leitores a entender e desenvolver a compaixão pelos muçulmanos. Ele escreve uma história fictícia sobre Ahmad, um de seus amigos muçulmanos. Nós também 'ouvimos' sobre o pai e a irmã de Ahmad no Egito. Através 'da boca' de Ahmad e dos seus parentes, o autor discute diversos aspectos da visão de mundo do muçulmano, sobre os quais os cristãos que desejam compartilhar as Boas Novas terão que lidar, tais como: a relação entre Jesus Cristo, Maomé, o Alcorão e a Bíblia; o papel de Israel, diferenças culturais; o papel das mulheres, A história 'cristã' ocidental das cruzadas e o colonialismo; contextualização da nossa mensagem; integração dos crentes de background muçulmano na igreja.

*Waging Peace on Islam*
**(Promovendo a Paz no Islamismo, tradução livre)**
Christine A. Mallouhi

Como cristãos cuidadosos podem abordar o Islamismo? Como as relações entre o Islamismo e o Ocidente crescem mais polarizadas, muitos cristãos estão apreensivos para um encontro com os muçulmanos. Como podemos superar anos, senão séculos, de desconfiança? Christine A. Mallouhi, casada com um muçulmano e que viveu boa parte de sua vida no Oriente Médio, sugere que devemos imitar São Francisco, que durante as Cruzadas, permaneceu com os muçulmanos e, até mesmo, compartilhou o evangelho com o Sultão.

*The Costly Call*
**(O Preço do Chamado, tradução livre)**
Emir Fethi Caner and H. Edward Pruitt

Vinte histórias de muçulmanos dos tempos modernos, de diferentes partes do mundo, que encontraram Jesus.

*Daughters of Islam – Building Bridges with Muslim Women*
**(As Filhas do Islamismo – construindo pontes com as mulheres muçulmanas, tradução livre)**
M. Adeney

Em "Daughters of Islam", Miriam Adeney apresenta-nos mulheres como Ladan, Khadija e Fatma. Você aprenderá sobre as suas vidas,

| COMPARTILHANDO VIDAS | APÊNDICE

questionamentos e esperança. Aprenderá como elas são representantes únicas de suas irmãs árabes, iranianas, do sudeste asiático e africanas. Você descobrirá o que as tem atraído a Cristo. Conforme aprendemos sobre a vida de Ladan, Khadija e Fatma ganhamos percepção de como nos relacionarmos com outras mulheres de background muçulmano – e de como apresentar Cristo a elas.

*The World of Islam*
**(O Mundo do Islamismo, tradução livre)** (CD)

"The World of Islam" (CD-ROM) contém 39 livros completos e numerosos artigos sobre o Islamismo e testemunho cristão, incluindo um Dicionário do Islamismo, de 750 páginas, artigos sobre contextualização e as raízes do fundamentalismo e militância no Islamismo. Dez mapas novos e atualizados retratam a situação atual do mundo muçulmano. Além disso, há mais de 100 fotografias para impressão do mundo islâmico, oito cursos completos do estudo sobre o Islamismo de grandes estudiosos, texto completo e de pesquisa do Alcorão, bibliografia anotada, endereços de websites relacionados ao Islamismo e muito mais. Mais de 12.000 páginas de recursos!

*More than Dreams*
**(Mais do que sonhos, tradução livre)** (DVD)

Em formato de docudrama, este DVD contém cinco histórias verdadeiras de ex-muçulmanos que conheceram Jesus como Salvador. As histórias foram selecionadas do Egito, do Irã, da Turquia, da Nigéria e da Indonésia. "More than Dreams" recriou cada uma dessas histórias em seu idioma original. Cada história possui uma parte específica para o ministério, explicando o que significa seguir a Cristo e levando as pessoas à oração de salvação.

Bert de Ruiter (ed.)

# Engaging with Muslims in Europe

In Europe one finds Christian communities and Muslim communities living in close proximity to each other. Muslims and Christians pass each other in the streets, stand next to each other waiting for the bus or metro, live next to one another in streets, share apartment buildings with each other, study in the same universities, have their lunches in the same business canteens, shop in the same shopping centres. Nevertheless, they are essentially strangers to each other. Only a small minority of Churches and Christians in Europe are engaged with Muslims through meaningful and loving relationships which provide opportunities to witness to them about the truth of God.

The European Ministry to Muslims Network of the European Leadership Forum seeks to equip the Church in Europe to relate to Muslims with a compassionate heart, an informed mind, an involved hand and a witnessing tongue. In this book members of the network and others write about their engagement with Muslims in Europe.

Pb. • pp. 112 • £ 7.00 • € 8.00
ISBN 978-3-95776-025-8

VTR Publications • Gogolstr. 33 • 90475 Nürnberg • Germany
info@vtr-online.com • http://www.vtr-online.com

**Bert de Ruiter**

# Sharing Lives
## Overcoming Our Fear of Islam

This book argues that the single greatest hindrance to Christian witness amongst Muslims in Europe is fear.

Many European Christians fear that Europe will gradually turn into Eurabia, or Islamic domination of Europe, and they ignore the efforts of Muslims to adapt to the European context, a situation pointing to a future scenario of Euro-Islam, or Islam being Europeanized. The author argues that instead of an attitude of fear, which leads to exclusion, Christians should develop an attitude of grace, which leads to embrace.

After analyzing books and courses developed to help Christians relate to Muslims, he concludes that these mostly concentrate on providing information and skills, instead of dealing with one's attitude. Because of this the author developed a short course to help Christians overcome their fear of Islam and Muslims and to encourage Christians to share their lives with Muslims and to share the truth of the Gospel.

Pb. • pp. XIII + 209 • £ 13.95 • € 14.90
ISBN 978-3-941750-22-7

VTR Publications • Gogolstr. 33 • 90475 Nürnberg • Germany
info@vtr-online.com • http://www.vtr-online.com

www.ingramcontent.com/pod-product-compliance
Lightning Source LLC
Chambersburg PA
CBHW071739040426
42446CB00012B/2402